Brücken zwischen Himmel und Erde

Chuck, Lency, Christopher und J'aime
Spezzano

via nova

Übersetzung aus dem Amerikanischen: Ulrike Kraemer

Originaltitel: **Glimpses of Home**
Copyright © 2008 by Chuck Spezzano

---

1. Auflage 2009
Verlag Via Nova, Alte Landstraße 12, 36100 Petersberg
Telefon: (0661) 62973
Fax: (0661) 9679560
E-Mail: info@verlag-vianova.de
Internet: www.verlag-vianova.de

Umschlaggestaltung: Kommunikationsdesign Guter Punkt, München

Satz: Sebastian Carl, 83123 Amerang

Druck und Verarbeitung: Fuldaer Verlagsanstalt, 36037 Fulda

INHALT

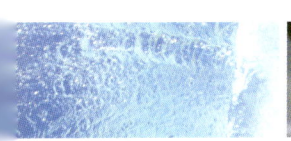

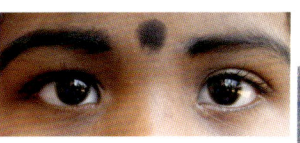

DANKSAGUNGEN

An erster Stelle möchten wir Werner Vogel – unserem Verleger beim Verlag Via Nova – danken, der von diesem Projekt ebenso begeistert war wie wir selbst. Unser Dank geht auch an *Camera Creations* dafür, dass sie J'aimes Gemälde photographiert haben. Wir danken Sunny Kukahiko für ihre Unterstützung beim Erfassen der Texte und für ihr Durchhaltevermögen in diesem und in vielen anderen Projekten. Die Geschichte der Ereignisse, die im April 1865 stattgefunden haben, stammt aus dem Film *The Last Days of the Civil War*.

Wir möchten *Ein Kurs in Wundern* für die unaufhörliche Inspiration danken, die er für unser Leben darstellt. Unsere Dankbarkeit und Wertschätzung gilt nicht zuletzt auch unseren Freunden an der Oneness University – besonders unserem lieben Raksith-ji – für ihre Liebe und Ermutigung.

EINFÜHRUNG

Dieses Buch hat ursprünglich einmal als eine Inspiration angefangen, die in Form eines Vater-Sohn-Projektes verwirklicht werden sollte, sich dann jedoch sehr schnell zu einer Familienangelegenheit entwickelt. Jeder von uns hat einzigartige, charakteristische Begabungen: unsere Tochter J'aime mit ihrer Fähigkeit, die Schönheit, die sie bewegt, in ihren Bildern zum Ausdruck zu bringen, unser Sohn Christopher mit seinem feinfühligen Gespür und seiner Fähigkeit, Stimmungen mit der Kamera einzufangen (und auch dem nötigen Computerwissen, um dieses Buch aufzubauen), und Lency mit ihrer Fähigkeit, Herzen zu öffnen, während sie eine Geschichte erzählt. Gedichte, poetische Texte und einige wichtige Ideen habe ich zu diesem Buch beigetragen.

In meiner Dissertation habe ich Dichtung als „Worte, die von der Liebe erschaffen wurden" bezeichnet. Liebe ist für die Schöpfung unerlässlich, sodass wir diesem Buch eigentlich den Titel *Das Buch, das von der Liebe erschaffen wurde* geben könnten. Wir teilen in unserer Familie vieles von dem miteinander, was uns hier inspiriert hat, und es ist ein Geschenk, es nun mit euch zu teilen. Wir hoffen, dass das Lesen der Texte und das Betrachten der Bilder euch ebenso bewegen wird, wie es uns bewegt hat, dieses Buch zu erschaffen.

Ein herzliches Aloha,
Chuck

Für Werner,
den lieben Freund unserer Familie.
Wir danken Gott, dass es dich gibt.

DER PUNKT OHNE UMKEHR

Am Punkt ohne Umkehr kann man nicht
zurückgehen,
weil es keinen Ort gibt, zu dem man zurückgehen
könnte.
Du kannst versuchen, an dem festzuhalten, was
geschieht,
aber das würde nur dazu führen, dass alles
zusammenbricht.
Um weitergehen zu können, musst du alles loslassen.
Dies ist kein guter Ort, um dein Lager aufzuschlagen.

Alles, was dir geschehen ist,
so erkennst du nun,
war nur eine weitere Ausrede dafür, wie du geworden
bist.
Die Vergangenheit hat dich hierher gebracht, aber
weiter kann sie dich nicht bringen.
Du glaubtest, so viele Dinge zu wissen,
aber nun weißt du, dass du nichts weißt.
Alles, was du getan zu haben glaubtest …
… nun erkennst du, dass du nichts getan hast.
Du bist an einem Punkt angelangt, der Tod und
Geburt zugleich ist.
Du bist am Absprungpunkt angekommen.

*Nur wenn du alle Anhaftungen loslässt,
kann eine Geburt geschehen.
Gib also dein Leben, deinen Partner und deine
Kinder zurück.
Sie sind deine Schätze, aber du kannst sie nicht
mitnehmen.
Gib deine Arbeit zurück.
Durch sie hast du die Menschen geliebt,
aber du kannst sie nicht mitnehmen.
Behalte nichts zurück.
Gib alles hin und warte, was zurückkehrt.
Nur das, was zurückgegeben wird, kannst du
mitnehmen.*

*Lasse dein Leben ein Gebet sein:
Ich, der ich nichts weiß,
ich, von dessen früherem Selbst nichts geblieben ist,
setze heute mein Leben aufs Spiel.
Mache aus mir, was du willst.
Wie ich bisher war, so kann ich nicht weitermachen.
Um voranzugehen, muss ich alles wagen,
und ich tue es jetzt.
Nimm dieses Leben. Mache es zu dem deinen.
Ich weiß nicht, was zu meinem Besten ist.*

*Zeige mir den Weg.
Ich gebe dir dieses Selbst zurück, das ich aufgebaut
habe.
Ich will es nicht länger zwischen mir und anderen
Menschen stehen lassen.
Ich will es nicht länger zwischen dir und mir stehen
lassen.
Ich bin am Punkt ohne Umkehr angekommen.
Es gibt keinen Weg zurück.
Nimm mein Leben, und mache es zu dem deinen.*

MITGEFÜHL

Tibetische Buddhisten sind Pazifisten, und ihre höchsten Werte sind Frieden und liebende Güte. Als der Dalai Lama gefragt wurde, wie man angesichts von Grausamkeit sein Mitgefühl bewahren könne, antwortete er: „Die alten Texte sagen, dass der eigene Feind der beste Lehrer ist.
Hier ein Beispiel:

Ein Mönch hat nach 1959 fast achtzehn Jahre in einem chinesischen Straflager zugebracht. Nach seiner Freilassung aus dem Lager hat er sich mir hier (im indischen Dharamsala) angeschlossen. Eines Tages fragte ich ihn beiläufig, welche Erfahrungen er im Straflager gemacht habe. Und er berichtete mir, dass er einige Male ein Gefühl der Gefahr gespürt habe.

Ich fragte: 'Welche Art von Gefahr?' Ich dachte, er meine die Gefahr, sein Leben zu verlieren, oder so etwas.

Und er antwortete: 'Die Gefahr, das Mitgefühl mit den Chinesen zu verlieren.'

Als Praktizierende versuchen wir also ganz bewusst, eine mitfühlende Einstellung gegenüber unseren eigenen Feinden zu bewahren – das ist von größter Wichtigkeit."

EIN FLACKERNDES LICHT

Die Dunkelheit der Welt besteht in Unwissenheit, nicht im Bösen. Unwissenheit ist ein Teufel, den wir selbst erschaffen haben. Jesus brachte dies klar zum Ausdruck, als er ans Kreuz genagelt wurde, und verbannte das Böse damit für alle Zeit ins Reich der Unwissenheit: „Vater, vergib ihnen, denn sie wissen nicht, was sie tun."

Wenn du die Dunkelheit bekämpfst, dann glaubst du, dass sie real ist, und machst sie stärker. Wenn du hingegen dein inneres Licht, das Licht, das du bist, leuchten lässt, dann wird die Dunkelheit vertrieben. Die Menschen schöpfen neue Hoffnung und neuen Mut aus deinem Leuchten.

Wenn in tiefster Dunkelheit ein Stern noch immer leuchtet, dann scheint er der hellste Stern am Himmel zu sein.

„Ein flackerndes Licht auf dem fernen Hügel.
Irgendwo wird die Bestie der Nacht gebannt.“

Würdest du es sein, der sein Licht leuchten lässt?
Würdest du das Licht sein, das sich nicht auslöschen lässt?
Würdest du es sein, gegen den die Dunkelheit nicht zu siegen vermag?
Würdest du ein Leuchtfeuer für deine Brüder und Schwestern sein?
Würdest du es sein, der den Weg nach Hause weist?
Würdest du kraft deines eigenen, unauslöschbaren Lichts brennen?
Würdest du das, was dein Herz berührt, mit anderen Menschen teilen?
Wenn du es tust, dann wirst du mehr Trost spenden, als du jemals ahnen kannst.

Die Nacht ist fast vorüber,
und durch ihre dunkelste Stunde hast du den Glauben bewahrt.

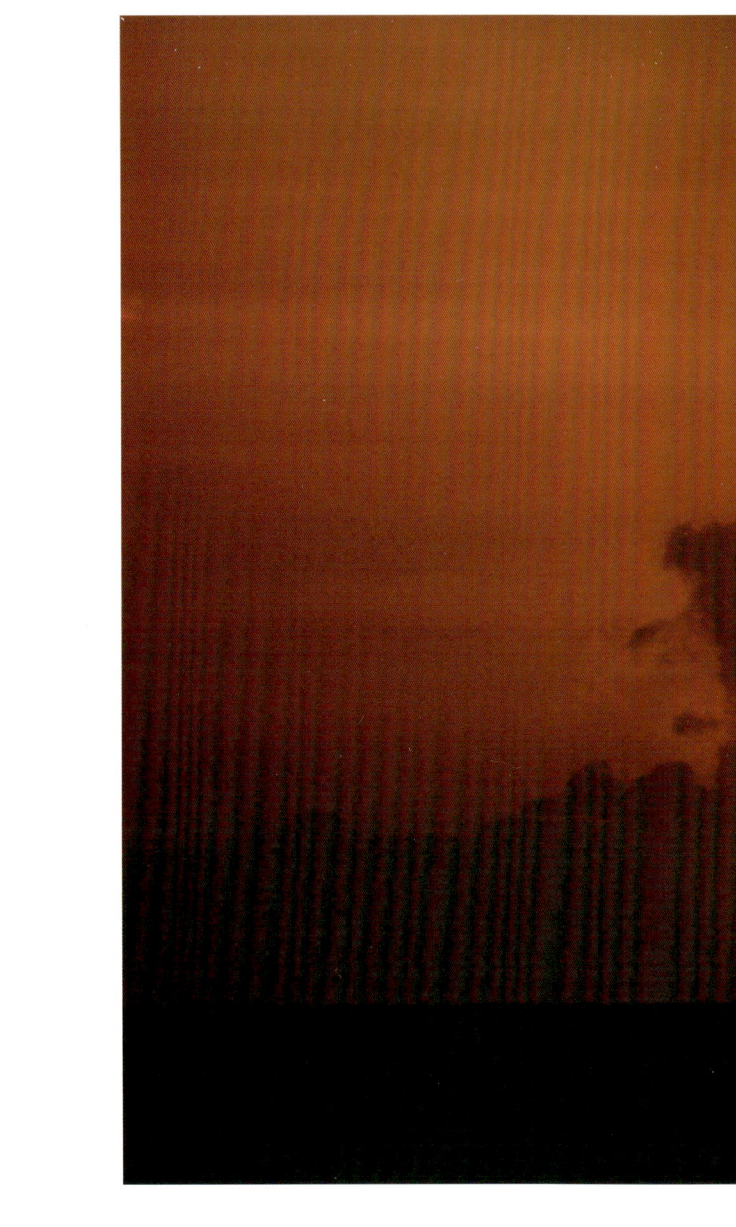

CHUCK

Es war spät am Abend in einem berüchtigten Viertel von London. Chuck und ich hatten mit Freunden in einem Restaurant, das gerade „in" war, zu Abend gegessen und hofften nun, dass es uns gelingen würde, unbehelligt über die Straße zu unserem Auto zu huschen. Als wir uns hinauswagten, erkannten wir sofort, dass uns ein Obdachloser abfangen würde, ein schäbig gekleideter, ungepflegter Mann, dessen innere Welt eine einsame Landschaft aus Sucht, Schicksalsschlägen und Versagen war.

Als wir auf unser Auto zugingen, bat der Mann Chuck um ein Almosen. Chuck, der ihm direkt in die Augen blickte, hatte jedoch bereits einen Geldschein in der Hand, eine Zwanzig-Pfund-Note (das einzige Bargeld, das er bei sich hatte). Das Geld wechselte so geschickt und mit so großer Güte den Besitzer, dass etwaige Zuschauer lediglich die Verbundenheit zwischen zwei

Menschen erkannt hätten, die Freunde sein mussten. Die Begegnung fand auf gleicher Ebene statt, von Mann zu Mann, und der Auftrieb, den es ihm gab, ließ den Mann nach Luft schnappen. Er wollte Chuck etwas zurückgeben. Alles, was er hatte, war die Flasche in seiner linken Hand, aber er bot sie Chuck ganz spontan und in Dankbarkeit an.

Chuck nahm die Flasche mit einem Lächeln an. Ohne sie anzuschauen, trank er einen Schluck und gab sie zurück. Mit einem Nicken drehte er sich dann um, half mir ins Auto und fuhr ohne ein Wort los.

Es war nur ein kurzer Augenblick, ein kleiner Akt der Freundlichkeit, über den wir niemals gesprochen haben. Chuck leistet jeden Tag heldenhafte und selbstlose Arbeit, und er wird von allen geliebt, die ihn kennen. Ich habe erlebt, wie seine Verbindung mit Gnade und höherer Führung in vielfältiger Weise kreativ zum Ausdruck kommt. Irgendwie hat sich dieses Erlebnis in meinem Gedächtnis jedoch als ein perfekter Schnappschuss des Mannes eingeprägt, der mein Ehemann ist.

WAS AUCH IMMER DAZU GEHÖRT

Als du dich verpflichtet hast, kam es dir einfacher vor, aber das war, bevor du dich der Realität dessen gestellt hast, was dazu gehören würde, es zu bewirken. Jetzt weißt du, dass weit mehr dazu gehört, als du geglaubt hattest. Du wusstest, es hätte einfacher sein können, aber du wusstest nicht, wie. Du bist an Landminen und an Todesfeldern vorbeigelangt, weil du wusstest, dass andere Menschen auf dich angewiesen waren und dass es, wenn du nicht zur vereinbarten Zeit am vereinbarten Ort sein würdest, für alle anderen keine Hoffnung mehr gab. Als du nicht mehr gehen konntest, bist du gekrochen, aber du hast niemals aufgegeben.

Du wusstest, dass es nicht um dich ging, sondern um das Leben und dein heiliges Versprechen. Du stelltest fest, dass jede Todesversuchung in Wahrheit die Aufforderung zu einer Neugeburt war.

Du weißt nicht, was dazu gehört, damit die Welt sich selbst retten kann, aber du weißt ganz einfach, dass du entscheidend Anteil daran hast. „Ist denn nicht jeder Anteil entscheidend?", fragst du dich – nicht, um das, was du tust, herabzuwürdigen, sondern um dich daran zu erinnern, dass jeder einen wichtigen Anteil beiträgt – als ob du daran erinnert werden müsstest. Du weißt noch nicht einmal, was dazu gehört, deinen eigenen Anteil zu leisten, aber du versteckst dich niemals. Deine Worte waren stets: „Was auch immer dazu gehört."

Dein Gebet lautete stets: „Was auch immer dazu gehört, ich werde es tun. Wer auch immer mich braucht, ich werde da sein. Was auch immer dazu gehört, ich werde gehen. Wenn ich kriechen muss, dann werde ich kriechen. Nicht ich tue es, sondern es wird durch mich geschehen. Meine Schwäche wird die Stärke des Himmels sein. Herr, vereine deine unendliche Liebe mit meiner kleinen Liebe und lasse Wunder geschehen. Was auch immer dazu gehört, ich bin bereit, es zu geben. Hilf mir, meinen Freunden zu helfen. Hilf mir, die Welt zu lieben, damit das, was möglich ist, geschehen kann. Was auch immer dazu gehört."

DIE LIEBE WARTET
AUF EIN WILLKOMMEN

An seinem letzten Tag, einem herrlichen tropischen Sommertag des Jahres 1982, machte Arthur mir ein wirklich einmaliges Geschenk. Meine Geschichte beginnt jedoch drei Monate früher.

Arthur war neunzehn Jahre alt, als sein Arzt ihn an mich verwies. Sein Verstand hatte einen massiven Abwehrmechanismus gegen das Bewusstsein aufgebaut, dass er an Krebs sterben würde, und nichts konnte ihn erreichen. Am Telefon erkundigte sich der Arzt mit ruhiger Stimme, ob unser Zentrum helfen könne.

Arthur war ein einheimischer Junge philippinischer Abstammung aus einer kleinen Küstenstadt auf der Insel Oahu, etwa eine Autostunde von uns entfernt. Sein Arzt, der es nicht gewohnt war, mit einem so jungen Krebspatienten zu arbeiten, war Arthur sehr zugetan und wollte ihm begreiflich machen, dass er bald sterben würde. Er wollte ihn in die Lage versetzen, Frieden mit der Welt zu schließen und seinem Tod so bewusst wie möglich zu begegnen.

Ich fuhr sofort in die Praxis des Arztes, um Arthur kennen zu lernen. Ich erzählte ihm von meinem Hilfsprogramm für Kinder mit lebensbedrohlichen Erkrankungen, und er freute sich sehr, davon zu hören. Ich fragte ihn, ob er daran interessiert sei, sich uns anzuschließen, und er erwiderte, dass er das gerne tun würde. „Ich würde den Kindern sehr gerne helfen", sagte er zu mir.

Arthur begann an unseren zweiwöchentlichen Treffen teilzunehmen, und er hatte eine wirklich wunderbare Art, mit den Kindern umzugehen. Er brachte immer irgendeine handwerkliche Arbeit mit, an der die Kinder großen Spaß hatten. Obwohl er ihnen sehr half, sagte er aber niemandem, dass er selbst krank war.

Seine Leugnung brachte ihn mitunter sogar dazu, die ärztliche Behandlung in der Klinik zu verweigern. Wenn er dort lag, ließ er nicht zu, dass seine Familie ihn besuchte. Obwohl ich viel Zeit mit Arthur verbracht hatte, war es mir nie gelungen, ihn wirklich zu „erreichen".

Eines Morgens rief mich sein Arzt an, um mir mitzuteilen, dass Arthur wieder in die Klinik eingeliefert worden sei und den Tag höchstwahrscheinlich nicht überleben werde. Der Arzt fragte mich, ob ich noch ein letztes Mal versuchen könne, Arthur zu helfen. Als ich zur Klinik fuhr, befürchtete ich, dass ich der Situation nicht gewachsen sein könnte, dass das, was ich tun oder sagen konnte, nicht ausreichen würde.

Es war ein unbeschreiblich schöner, milder Tag in Waikiki. Vom Krankenhaus aus hatte man einen Blick auf den Strand und auf die Hänge des Diamond Head. Arthur lag jedoch allein in einem winzigen Raum ohne Fenster, mit Nadeln und Schläuchen an ein Bluttransfusionsgerät angeschlossen. Das Versagen seiner Leber hatte die Farbe seiner Haut in fahles Gelb verwandelt, und seine von Gelbsucht gezeichneten Augen blickten matt. Arthur war dem Tod sichtlich nahe.

Ich setzte mich neben ihn und öffnete mich ihm von ganzem Herzen, so weit ich nur konnte. Ich blickte in sein Gesicht, und nach einer Weile fragte ich ihn: „Wie ist es?" Zum ersten Mal sahen wir einander wirklich in die Augen. Dann war es, als ob mit einem Ruck, den wir beide im Herzen spüren konnten, der Schleier zwischen uns fortgezogen würde, und wir waren einander zum ersten Mal nahe.

Er sprach direkt zu mir, nicht durch das übliche Dickicht aus Leugnung und Furcht hindurch. Mit klarer und sicherer Stimme berichtete er mir, was er vom Leben gelernt hatte.

„Ich dachte immer, ich wüsste, was wichtig ist. Ich dachte immer, ein langes Leben wäre wichtig, aber davon habe ich mich frei gemacht. Dann dachte ich, es wäre wichtig, erwachsen zu werden, zu heiraten und Kinder zu bekommen, aber das habe ich auch losgelassen. Dann dachte ich, wirklich wichtig im Leben wären eine gute Ausbildung, ein Auto und eine Freundin, aber auch die Vorstellung habe ich aufgegeben. Zum Schluss kam ich zu der Überzeugung, Gesundheit müsste die wichtigste Sache im Leben sein, aber heute musste ich sogar diese Vorstellung loslassen. Heute sehe ich, was wirklich wichtig ist. Die einzige Sache im Leben, die wirklich wichtig ist, ist die Liebe … wie viel Liebe du gibst und wie viel Liebe du empfängst."

Die Wahrheit und Einfachheit seiner Worte nahm mich gefangen, aber was er mir als Nächstes offenbarte, berührte mich zutiefst: „Deswegen fühle ich mich jetzt so elend. Ich habe das Gefühl, dass ich nie wirklich fähig gewesen bin, Liebe zu geben oder zu empfangen."

Die Verzweiflung in seinem Gesicht war so vollkommen und so qualvoll, dass die ganze Welt kreischend zum Stillstand kam. In dieser Stille gab es nur ihn und mich, und ich war am Zug.

Ich bat Arthur, mir folgende Fragen zu beantworten: In welchem Alter war er zu der Überzeugung gelangt, er sei es nicht wert, geliebt zu werden? Wo war er? Wer war bei ihm? Was geschah? Was wurde gesagt?

Er erinnerte sich mühelos an einen Zwischenfall in seiner Kindheit, bei dem es so ausgesehen hatte, als ob sein Vater ihn zurückweisen würde. Arthur hatte beim Essen noch einmal zugreifen und sich eine zweite Portion nehmen wollen, und deshalb hatte sein Vater ihn als gierig beschimpft. Daraus hatte er den Schluss gezogen, dass sein Vater ihn nicht liebte, und wenn schon sein eigener Vater ihn nicht liebte, dann konnte er nicht liebenswert sein.

Als Arthur jetzt mit dem Verständnis eines neunzehnjährigen Jungen auf diese Kindheitsszene zurückblickte, konnte er erkennen, dass sein Vater ihn in Wirklichkeit gar nicht zurückgewiesen hatte. Er hatte gerade seine Arbeitsstelle verloren und wurde von Stress und Selbstzweifeln gequält. Er hatte Angst, seine große Familie nicht mehr ernähren zu können. Der scharfe Angriff auf den Sohn war überhaupt keine Ablehnung gewesen, sondern ein fehlgeleiteter Ausdruck dieser Angst. In Wahrheit hatte er Arthur immer geliebt.

Arthur erkannte, dass er der Liebe jahrelang grundlos Widerstand geleistet hatte. Der ganze Fehler beruhte auf diesem einfachen Missverständnis mit seinem Vater. Ich sagte ihm etwas, das *Ein Kurs in Wundern* mich gelehrt hatte: „Die Liebe wartet auf ein Willkommen und nicht auf die Zeit. Alle Liebe, die dir jemals geschenkt wurde, ist noch immer da und wartet darauf, in dein Herz eingelassen zu werden. Du könntest sie jetzt einlassen."

Diese Vorstellung gefiel Arthur. Mit neuem Glanz in seinen Augen verkündete er seine Bereitschaft, alle Liebe zu empfangen, die seine Freunde ihm all die Jahre über immer entgegengebracht hatten. Er schloss seine Augen und öffnete sein Herz. Einige Minuten lang lag er ganz still da und sog die Süße und den Trost in sich auf, zum ersten Mal die Liebe seiner Freunde zu spüren. Ein Hauch von stillem Frieden und ein leises Glücksgefühl erfüllten die Luft.

Dann richtete Arthur sich auf, sagte, er sei jetzt bereit, die Liebe seiner Familie zu empfangen, und sank in seine innere Erfahrung zurück, die Augen geschlossen. Die Zeit verging langsam. Ich dachte, er sei eingeschlafen, aber nach einer Weile sah er mich an und sagte lächelnd: „Jetzt bin ich bereit, die Liebe Gottes zu empfangen."

Damit schloss er seine Augen erneut. Die Unschuld und Schönheit großer Freude verwandelten das Zimmer in eine heilige Stätte. Eine Welle der Glückseligkeit flog über Arthurs Gesicht, und kurz darauf verabschiedete ich mich still von ihm und überließ ihn der Zwiesprache mit seinem Schöpfer.

Am nächsten Morgen rief der Arzt mich im Büro an. „Was haben Sie Arthur gestern gesagt?", fragte er aufgeregt. Als ich zögerte, erklärte er rasch, dass er um Mitternacht den gefürchteten Anruf aus der Klinik er-

halten hatte. Mit Arthur ging es zu Ende. Er war in seinen Wagen gesprungen und zur Klinik gerast, aber bei seiner Ankunft teilte man ihm mit, dass Arthur bereits gestorben war.

Er entschloss sich, in das Zimmer zu gehen, in dem Arthur lag, um ihm ein letztes Lebewohl zu sagen. Als er zum Bett kam und auf das Gesicht des Jungen herabblickte, traute er seinen Augen nicht, denn er sah dort das glückseligste Lächeln, das er jemals gesehen hatte. Ein Ausdruck unsagbarer Freude und Überschwänglichkeit kündete von der Verklärung, die Arthur im Tod erfahren hatte.

Der Arzt hielt den ausgemergelten Körper des Jungen in den Armen und weinte Tränen des Schmerzes, der Freude und der Hoffnung. Er hatte sich auf die Behandlung von Krebs spezialisiert, weil er sich seiner eigenen Angst vor dem Tod stellen wollte. Sein freudvolles Hinübergehen war das größte Geschenk, das Arthur seinem Arzt hatte machen können.

Das Geschenk, das Arthur mir machte, war die Erkenntnis, dass es nie zu spät ist, um eine glückliche Kindheit zu haben.

BENUTZE MICH

Und was wirst du tun, wenn jene, die leiden und sich
dem Tode nähern, dich mit Augen anblicken, die
sagen: „Du hättest mir helfen können.“

Ein Kurs in Wundern

Ich sehe meine Brüder und Schwestern in einem
schrecklichen Traum gefangen. Ihr Schmerz bricht
mir das Herz, aber wie vermag ich zu helfen, wenn
der Alptraum so groß ist?

Deshalb rufe und bete ich aus der tiefsten Tiefe meines Herzens.

Benutze mich.

Benutze mich, um meinen Brüdern und Schwestern zu helfen. Nimm meine Liebe, und mache sie zu der deinen.

Benutze mich.

Nimm diese Hände. Benutze sie, um zu helfen.

Benutze mich.

Nimm mein Herz. Benutze es, um zu lieben. Nimm meine Stimme. Benutze sie, um Geleit und Trost zu schenken. Nimm meinen Geist. Benutze ihn für deine Zwecke. Möge er meinen Brüdern und Schwestern gegeben werden. Möge er dazu dienen, ihnen beim Erwachen zu helfen.

Benutze mich.

Nimm diese Füße. Wo auch immer du willst, dass ich hingehen soll, dort will ich hingehen.

Was auch immer du willst, dass ich tun soll, das will ich tun.

Benutze mich.

Ohne dich kann ich gar nichts tun. Mit dir kann ich alles tun, was zu tun du mir aufträgst. Nimm diese Arme. Benutze sie, um eine helfende Hand zu reichen. Benutze sie, um die ganze Welt in Liebe zu umarmen.

Benutze mich.

Nimm diesen Körper. Er gehört nicht mehr mir, sondern dir. Benutze ihn als Mittel deiner Liebe. Benutze mich. Benutze mich ganz und gar. Benutze mich für meine Brüder und Schwestern. Solange auch nur einer von ihnen in der Hölle bleibt, will ich dorthin gehen, bis es keine Hölle mehr gibt.

Benutze mich.

Bitte, bitte, benutze mich.

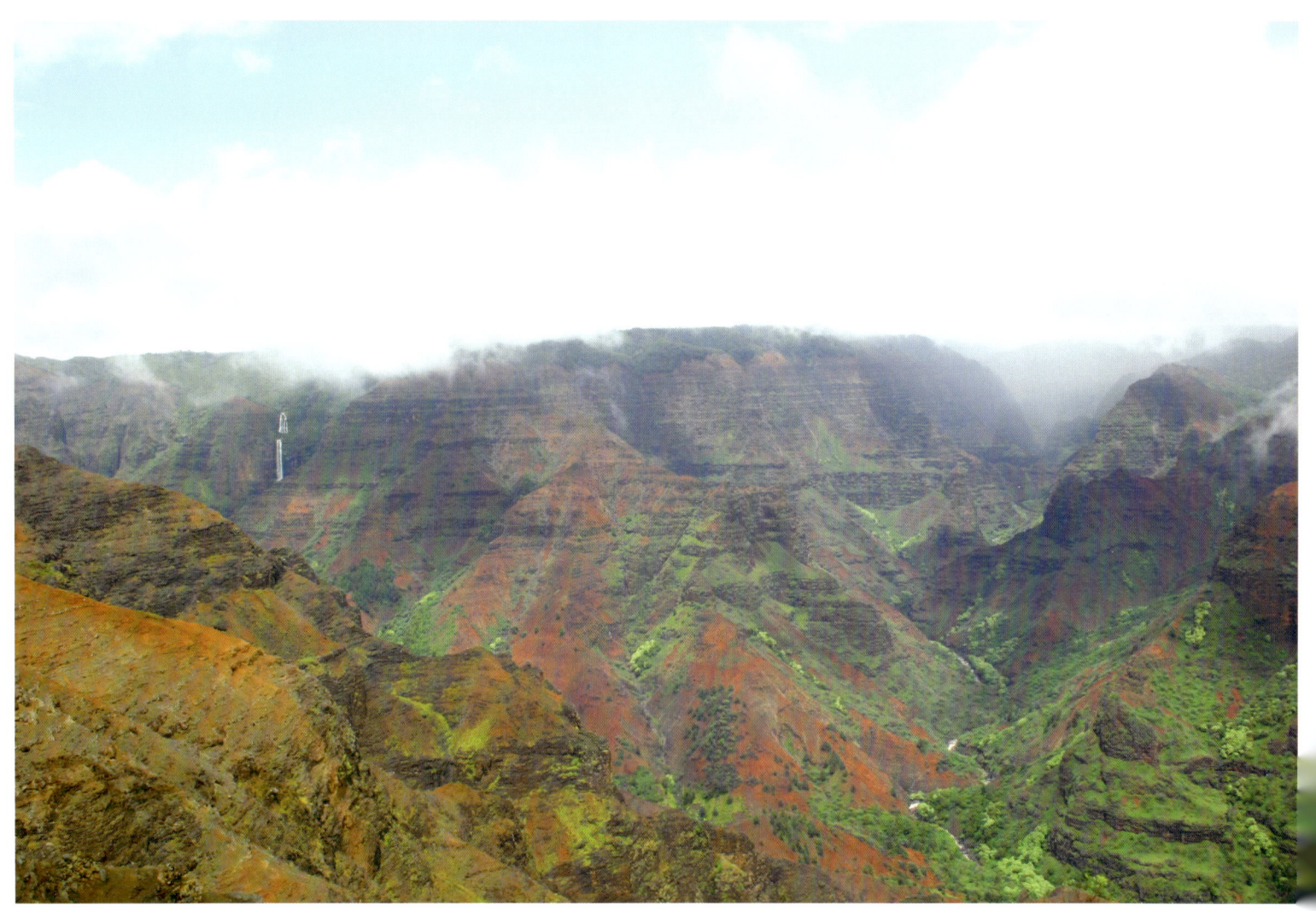

IN MEINEN LETZTEN TAGEN

In meinen letzten Tagen wird meine Zeit nicht vergeudet sein. Auch wenn mein Körper gebrechlich geworden ist, wird mein Leben vor Lebendigkeit sprühen.

Ich weiß, dass die Welt ein Spiegel meines Geistes ist, und so werde ich allem und jedem darin vergeben.
Ich werde die Kraft meines Geistes einsetzen, um andere Menschen zu segnen und für jeden nur das Beste zu wollen.

Ich weiß, dass der einzige Weg, der nach Hause führt, darin besteht, die Illusion der Trennung zu beenden.
Jeden Tag will ich eine Brücke aus Licht bauen, die von meinem Licht zu den Menschen führt, die mir am nächsten sind, und zu den Menschen, die zu verurteilen ich versucht bin.

Ich weiß, dass alles Leid dieser Welt durch Urteilen hervorgerufen wird.
Ich werde auf diejenigen schauen, die ich verurteilt habe, das Bedürfnis sehen, das nach Liebe rief, und ihnen stattdessen meine Liebe senden.

Ich weiß, dass jeder Konflikt eine Angst vor Veränderung verbirgt, und werde mich stattdessen der Veränderung verpflichten.
In jeden Konflikt will ich meinen Frieden hineingeben, um anderen Zuversicht zu bringen.
Jeden Tag will ich auf immer tieferen Ebenen nach Frieden streben. Es wird mein einziges Ziel sein.

Ich weiß, dass Angriff nicht zielgerichtet ist.
Durch meinen Angriff auf einen anderen Menschen greife ich alle Menschen an.
Ich will die Pfade der Harmlosigkeit gehen. Auch mich selbst will ich nicht angreifen, weil ich niemandem Schaden zufügen will, insbesondere nicht denen, die ich liebe.

Ich weiß, dass ich jede dunkle Geschichte in meinem Leben geschrieben habe, um Gott und die Menschen, die ich liebe, schlecht zu machen, damit ich mein Ego stärken und meine Trennung rechtfertigen konnte.
Ich will meine letzten Tage damit zubringen, alle Geschichten meines Lebens als Geschichten der Liebe neu zu schreiben.

Ich weiß, dass Schuld eine schreckliche Illusion ist, für die wir uns selbst bestrafen.
Ich will mir für meine Fehler vergeben und meine Unschuld größer machen, um die Welt zu befreien.
Ich sehe nichts, für das ich mich verdammen müsste, und befreie deshalb die Welt von ihrem Bedürfnis, sich selbst zu bestrafen.

Ich weiß, dass ich die Welt mit meiner eigenen Vergangenheit bevölkere und außerhalb von mir nur das wahrnehme, was ich selbst zu sein glaube.

Diese Glaubenssätze trage ich noch immer in mir, ganz gleich, wie gut ich sie auch verbergen mag.
Jeder Mensch zeigt mir meine Vergangenheit.
Ich werde mich bei ihnen allen dafür entschuldigen, dass ich sie meine Fehler habe ausleben lassen.
Ich weiß, dass Schuldzuweisungen nur von Schuld herrühren können und dass ich anderen die Schuld an meinen Fehlern gegeben habe. Ich werde mein Leben einer Prüfung unterziehen und um Vergebung bitten.

Ich weiß, dass mein Groll von Verletzungen herrührt, die ich von anderen übernommen habe.
Ich gebe ihnen die Schuld an einem Schmerz, den sie weitergaben, weil sie nicht anders konnten.
Nun weiß ich, dass es genau diese Verletzungen sind, die zu heilen ich versprochen habe.

Ich will meine Schuldzuweisungen und meine Schuld loslassen und stattdessen die Seelengaben teilen, die ich in dieses Leben mitgebracht habe, um sie von diesen Verletzungen zu befreien. Die Verletzungen, die mir zugefügt wurden, will ich nicht an meine Kinder weitergeben. Ich will die Gaben des Himmels empfangen, um die Seelen zu befreien, denen zu helfen ich ein heiliges Versprechen gegeben habe.

Ich weiß, dass Angst eine Illusion ist, die daher rührt, dass ich glaube, allein zu sein. Meine Angriffsgedanken gegen die Welt machen mir Angst, weil ich glaube, dass ich auf ähnliche Weise angegriffen werde. Doch allein meine Angriffsgedanken machen mich für Angriffe anfällig, und so will ich mich für die Harmlosigkeit entscheiden und an die denken, die jeden Tag meines Lebens an meiner Seite gehen und darauf warten, mich an seinem Ende willkommen zu heißen. Wie könnte ich Angst haben, wenn ich nicht glauben würde, dass ich allein bin? Anstelle der Angst will ich mich für die Liebe entscheiden und für die Bereitschaft, weiterzugehen.

Ich weiß, dass Befangenheit und Scham mich klein machen und dazu führen, dass sich mein Leben „immer nur um mich" dreht, um mich von jemandem abzulenken, dessen Bedürfnis größer ist. Jedes Mal, wenn ich versucht bin, befangen zu sein, will ich fragen, wer meine Hilfe braucht, und meine Liebe zu ihm hinströmen lassen. Ich werde nicht in die Falle tappen, einzig und allein an mich zu denken, während ein anderer Mensch in Not ist.

Jeden Tag will ich alles betrachten, was das Leben mir geschenkt hat, und mein Herz wird sich in Dankbarkeit öffnen. Ich will mich an die erinnern, die mich geliebt haben, und alle anderen als die sehen, die nach meiner Liebe gerufen haben. Ihnen allen will ich dankbar sein.

Ich will meinen Körper segnen in dem Wissen, dass ich ihm zugemutet habe, alle Konflikte meines Geistes zu tragen. Er hat mir in meinem Lernprozess gute Dienste geleistet.

Ich werde wissen, dass ich kein Körper bin, und während mein Körper altert, werde ich mich im reinen Geist erheben.

Ich bin frei und klar.

Ich bin sicher und heil.

Ich bin eins mit Gott und Allem, Was Ist.

Tag für Tag will ich alle Distanz zum Schmelzen bringen, die zwischen mir und allem anderen besteht, auf dass ich im Meer des Einsseins schwimmen kann.

ALS ICH EIN JUNGE WAR

Als Junge habe ich zahllose Cowboyshows gesehen, aber nur eine davon ist mir über die Jahre im Gedächtnis haften geblieben. Es ging darin um einen Sheriff und einen Revolverhelden. Jedes Jahr tauchte der Revolverheld auf und drohte damit, die Stadt zu terrorisieren. Jedes Jahr stellte der Sheriff ihn auf der Main Street, schoss das Gewehr aus seinen Händen, verhaftete ihn und steckte ihn ins Gefängnis.

Eines Tages hängte der Sheriff seine Waffen an den Nagel und schwor, sie niemals wieder zu benutzen. Als der Revolverheld im Jahr darauf in die Stadt zurückkehrte und mit Gewalt drohte, trat der pensionierte Sheriff ihm auf der Main Street entgegen, weil sonst niemand den Mut hatte, sich ihm zu stellen. Als der Revolverheld sah, dass der Sheriff unbewaffnet war, nannte er ihn einen Feigling und sagte, er solle zurückkehren, wenn er seine Waffen geholt habe. Der Sheriff weigerte sich und sagte, er habe seine Waffen für immer an den Nagel gehängt. Während sie redeten, ging er die ganze Zeit langsam auf den Revolverhelden zu.

Der Revolverheld sagte: „Na schön, wenn du dein Gewehr nicht holen willst, dann werde ich dich wohl einfach erschießen müssen." Mit diesen Worten zog er seine Pistole und schoss dem Sheriff in den Arm.

Der Schuss ließ den Sheriff zurückprallen, aber nach einem Moment hatte er sich wieder gefangen und ging weiter auf den Revolverhelden zu. Daraufhin schoss ihm der Revolverheld in den anderen Arm. Wieder wurde der Sheriff zurückgestoßen, ging aber trotzdem weiter auf den Revolverhelden zu, woraufhin dieser ihm ins Bein schoss. Von dem Schuss zu Boden geschleudert, blickte der Sheriff hoch und kroch ohne Zögern weiter auf den Revolverhelden zu. Der Revolverheld schoss ihm ins andere Bein und streckte ihn damit endgültig nieder. Dennoch sah der Sheriff nach einem Moment wieder hoch und fing an, mit den Unterarmen auf den Revolverhelden zuzurobben. Da ließ der Revolverheld seine Pistole fallen, eilte auf den Sheriff zu und schloss ihn in die Arme, vollkommen überwältigt.

Ein Ladenbesitzer im Hintergrund wandte sich einem der anderen Umstehenden zu und sagte: „Das ist das Mutigste, was ich je gesehen habe."

Als ich ein Junge war, war dies das Mutigste, was ich je gesehen habe.

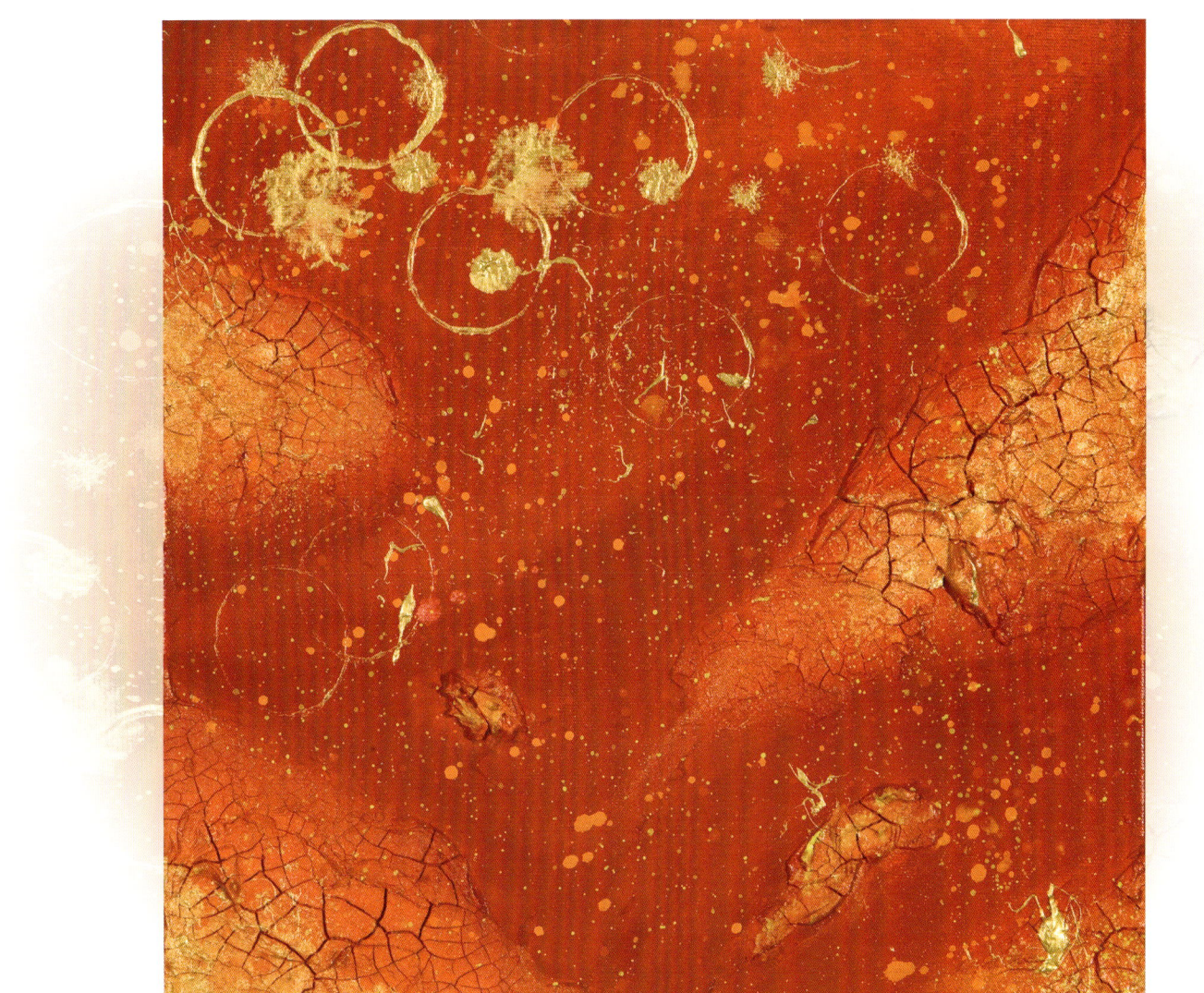

ICH DANKE GOTT FÜR DICH

Du warst da in meiner allertiefsten Not. Kein anderer erkannte so klar, wie tödlich meine Verwundung war. Keiner außer dir. Ich danke Gott für dich.

Ich habe gesehen, wie du zahllose Akte verborgener Güte gewirkt hast, die keiner außer mir so klar erkannte. Ich habe gesehen, wie du die Hand in den reißenden Strom getaucht und eine notleidende Seele gerettet hast. Ich habe gesehen, wie du dein Herz aufgebrochen hast, damit die Geburt eines anderen mit Leichtigkeit geschehen konnte. Du öffnest dein Herz, um die zu erreichen, die unerreichbar sind. Ich habe dich gesehen. Ich bin gesegnet, weil ich dich kenne. Ich danke Gott für dich.

Als ich den Mut verlor, hatte dein Herz genug Mut für uns beide. Als der Himmel einstürzte, hobst du ihn wieder an seinen Platz. In einer Welt der Verzagten warst du unverzagt. Als du nicht mehr gehen konntest, bist du gekrochen, aber du bliebst niemals stehen. Du hast niemals aufgegeben. Dein Licht war mein Leuchtfeuer. Als alle den Mut verloren, war dein Glaube der Fels, auf den wir alle bauten. In dir hattest du Zugang zu einer Quelle, die wir uns nur vorstellen, nicht ergründen konnten. Als sich meine Hand mit dem Messer in mein Herz senken wollte, hindertest du mich mit müheloser Autorität und sagtest: „Ich sehe dich. Solltest du je wieder vergessen, wer du bist, schau in meine Augen. Denke an diese Augen, wo du auch bist." Und du öffnetest mir deine Seele, deine Augen von brennender Liebe erfüllt. Ich danke Gott für dich.

Du hättest viele Male aufgeben und dich in tiefem Schmerz niederlegen können, aber du weigertest dich zu sterben, und das ist der Grund, warum wir leben und lieben. Ich danke Gott für dich. Ich danke Gott für dich.

VORSPIEL ZU EINEM SCHATTEN

Mein Leben wird heller, weil ich die Wolken um des Regens willen umarme.
Ich spiele meine beste Hand gegen mich selbst und verliere.

Es ist gut. Mein Schmerz ist ein Spiegel. Kein Wunder, dass ich mich beim Rasieren schneide.

Und wenn ich dich bisweilen liebe,
dann scheint mein Herz stillzustehen.
Und wenn ich dich bisweilen brauche,
dann durchschneidet deine flüchtige und zerbrechliche Form
den Schmerz meines Bewusstseins.
Und wenn ich dich bisweilen will,
dann dürstet der Brunnen meiner Liebe und meiner Lenden

nach den tieferen Quellen
deiner Berührung.
Deine Augen segnen mich
und liebkosen mich.
Dein wahres Wesen erfüllt mich
mit Staunen.

Nur die Unschuld weiß, dass das Blut an meinen Händen
das Blut der Geburt ist.
Ich war ein Bewahrer von Glasscherben.
Ich war der Glasbläser des Himmels.
Der einzige Teil von mir, der mir nicht genommen wurde, ist der, den ich vor langer Zeit verborgen habe.

Meine Geburt erwartet mich.
Sie ist das Beste, was ich als Geburtshelfer zu geben habe.

Kann ich ohne meinen Vater, ohne meine Mutter in
das Land des Lichts gehen?
In einem Land dunkler Schatten habe ich mir selbst
Angst eingejagt.
Der Alptraum war vorüber, ehe er begann.
Wie kommt es, dass ich noch immer schreie?
War es das lange Verlassensein seit meiner Geburt?
Oder habe ich stets das preisgegeben, was mir am
meisten bedeutete?

Wenn es nur das Jetzt gibt,
  dann gibt es keine Schatten, die mich ängstigen
  könnten.
Wenn es nur das Jetzt gibt,
  dann kann ich mich in die Ewigkeit ausdehnen.
Wenn es nur das Jetzt gibt,
  dann kann ich deine Hand sehen.
Hat sie schon immer meine Hand gehalten?
Bist du es, der meinen lange verlorenen Namen ruft?
Gemeinsam halten unsere Hände einen Schlüssel.

EIN LEHRER HÄLT DIE ZUKUNFT IN SEINEN HÄNDEN

Geschrieben für Sherry und Peter R. Spezzano, 2004

In den Augen derer, die ihn sehen, hält ein Lehrer die Zukunft in seinen Händen. Wenn der Lehrer inspiriert ist, dann sind es auch seine Schüler. Die Begeisterung eines Lehrers vermag einen Weg ins Leben zu bahnen und dem Schüler die Liebe am Lernen zu schenken, die ihn jung erhält, wie alt er auch werden mag.

Ein Lehrer kann ein Held sein, der sich selbst so rückhaltlos gibt, dass jedes Kind erkennt, wie kostbar es ist und welchen besonderen Wert der Beitrag hat, den zu leisten es in diese Welt gekommen ist. Ein Lehrer kann ein wahrer Pädagoge sein, der sein Wissen aus den Kindern statt aus einem Buch bezieht.

Ein Lehrer kann der beste Freund sein, den ein Kind während seines gesamten Lebens hat, denn wenn dieser Bund geschlossen wird, dann wird der Geist des Lehrers dieses Kind fördern und es durch jede Klasse, jeden Geburtstag und jeden Meilenstein begleiten. Er wird jeden seiner Erfolge mit ihm feiern, und an seinem Hochzeitstag wird es – in Gedanken oder in Wirklichkeit – mit ihm anstoßen. Und schließlich wird er ein Teil der Schar sein, die das Kind begrüßt, wenn dieses Leben vorüber ist, und es anspornen, wie er es auch vor so vielen Jahren bereits getan hat.

Ein Lehrer ist ein wenig von allem: Elternteil, guter Freund, Held, Vertrauter, Muse der Inspiration, Geburtshelfer des Geistes und – noch wichtiger – des Herzens. Er kann einem Kind das Beste zeigen, was das Leben zu bieten hat, und es von der Hässlichkeit fortwenden, damit es die richtige Entscheidung trifft.

Ein Lehrer kann ein Kind vom Abgrund zurückholen und ihm Hoffnung geben, wo es zuvor keine Hoffnung gab. Die Liebe und die Begeisterung eines Lehrers können zur Liebe und zur Begeisterung des Kindes werden, und auch wenn das Kind sich niemals für Betriebswirtschaft oder Geographie begeistert, wird es

Freude an der Begeisterung selbst haben und in der Liebe zum Lernen schwelgen.

Ich trete in Dankbarkeit zurück vor den Lehrern, die mein Leben berührt haben: mein Vater Peter, Schwester Josephine, Bob Custer, Don Keyes, Paul Colaizzi, Sam Hazo, Pat Sherwood, Hannah Veary. Sie alle waren große Lehrer. Ich schwöre euch, meine Lehrer, dass ich, wenn ich lehre, dies niemals allein tue. Ihr betretet jede Bühne mit mir. Ihr begleitet mich zu jedem Seminar. Ihr lebt in meinem Herzen, und euer Licht scheint durch meinen Geist auf den Geist aller Menschen vor mir.

Lehrer wissen, dass jede Chance zu lehren eine Chance darstellt, dass ein Licht aufleuchtet, dass ein Herz sich öffnet wie eine Blüte, dass ein Wunder geschieht. Es ist eine Chance, einander die Hände zu reichen und mit großen Schritten voranzugehen, damit das Leben für die ganze Welt vorangehen kann, wenn auch nur einen Augenblick lang im Klassenzimmer.

Lehrer, ihr seid keine bloßen Verbreiter von Informationen. Ihr seid menschliche Betreiber des Wandels, Bewahrer der Weisheit, Liebhaber des Lernens, Wertschätzer des Lebens.

Lehrer, durch die Fackel eures Herzens zündet ihr andere Fackeln an. Durch das Licht eures Geistes wird das Leben klarer gesehen. Ihr helft mit, dass die Zuversicht wächst, während die Dunkelheit und Sklaverei abgelegt werden, die von Unwissenheit herrühren.

Ein Lehrer muss lehren, und seine Schüler vervollkommnen ihn. Sie geben einem Lehrer einen Sinn. Sie erinnern einen Lehrer ständig daran, dass der Grund, aus dem er lehrt, in der Freude besteht, das Licht des Verstehens in den Augen eines Schülers aufleuchten zu sehen.

Hingabe rührt von Liebe her, und hingebungsvolle Lehrer sind Schätze, von denen unsere Kinder und das Leben abhängen.

WÄREST DU BEREIT,
DIESER EINE ZU SEIN?

Als Junge habe ich eine Geschichte gelesen, die ich mein ganzes Leben lang in Erinnerung behalten habe. Es war eine phantastische Geschichte, die davon handelte, wie das Tribunal des Intergalaktischen Rates über die Erde zu Gericht saß. Sie wurde als zu gewalttätig angesehen, um ihr den Beitritt zur Föderation zu gewähren, und man befürchtete, dass sie die bekannten Galaxien mit ihrem barbarischen Verhalten anstecken könne. Aus diesem Grunde wurde die Erde für schuldig befunden und zur Zerstörung verurteilt.

Ein Mitglied dieses Tribunals bat jedoch um Gnade. Er bat die anderen, mit der Vollstreckung des Urteils zu warten, um zu sehen, ob es ihm gelänge, auf der Erde einen Menschen zu finden, der rein genug war, um zu zeigen, was auf dem Planeten möglich war, sodass er verschont werden konnte.

Eine Woche später bahnte ein Mann, der per Flugzeug, Schiff und Jeep unterwegs gewesen war, sich einen Weg durch den tiefsten Dschungel, von einem inneren Zwang getrieben, den er nicht verstand. Eine Woche lang hatte etwas ihn dazu gedrängt, immer weiterzureisen. Er konnte nicht anders. Der Ruf war zu stark. Er konnte es selbst nicht erklären. Er wusste einfach, dass er gehen musste. Als er schließlich auf eine Lichtung gelangte, saßen dort die Mitglieder des Tribunals, die ihn mit strengem Blick ansahen. Der Richter mit den gütigen Augen führte den Mann vor sie hin. Sie starrten in ihn hinein, spürten, fühlten, wussten alles. Nach einigen Augenblicken, die eine Ewigkeit zu dauern schienen, blickten sie einander an und erklärten einstimmig: „Das Urteil ist aufgehoben. Alles ist vergeben."

Wärest du bereit, dieser Eine zu sein? Wärest du bereit, derjenige zu sein, der so rein ist, dass das Urteil über die Erde aufgehoben wird? Wärest du bereit, dieser Eine zu sein? Wärest du bereit, so rein zu sein, dass alle Menschen in Sicherheit sind? Wärest du bereit, so rein zu sein, dass Zärtlichkeit sich in Schönheit verwandelt und Grausamkeit verbannt wird? Wärest du bereit, so rein zu sein, dass Minenfelder in Gärten ver-

wandelt werden und Kriege der Vergangenheit angehören? Wärest du bereit, so rein zu sein, dass Wasser in der Wüste entspringt und verhungernde Mütter für ihre Kinder etwas zu essen finden? Wärest du bereit, derjenige zu sein, dessen Herz in Liebe aufbricht, damit die Welt die Kraft findet, weiterzugehen? Wärest du bereit, dieser Eine zu sein? Wärest du bereit, so rein zu sein?

Um der ganzen Welt willen, um jedes Menschen willen, den du liebst oder je lieben wirst, um aller willen, um Gottes willen und um deiner selbst willen, wärest du bereit, so rein zu sein? Wärest du bereit, der Eine zu sein, der das Todesurteil aufhebt, das seit Äonen über der Erde schwebt? Wärest du bereit, dieser Eine zu sein?

DIE GÜTE, DIE AMERIKA RETTETE

Der April des Jahres 1865 war der wichtigste Monat in der amerikanischen Geschichte. Als dieser Monat heraufzog, waren mehr als 620.000 amerikanische Männer gestorben, über eine Million körperlich verwundet und die gesamte Nation in der Seele tief verletzt. Der amerikanische Bürgerkrieg näherte sich seinem Ende, und niemand wusste, welche Form der Konflikt als Nächstes annehmen würde. Wie ein Krieg endet, ist ebenso wichtig wie der Grund, aus dem er geführt wurde. Der April des Jahres 1865 war der Monat, in dem die amerikanische „Idee" für immer hätte sterben können. Stattdessen wurde er zu dem Monat, der Amerika rettete.

Der erste Schuss wurde im April 1861 abgefeuert, aber eigentlich hatte der Krieg schon viele Jahrzehnte früher begonnen, als wirtschaftliche, gesellschaftliche, politische und geographische Auseinandersetzungen zwischen dem freiheitlich demokratischen Kapitalismus des Nordens und der auf Sklavenarbeit gründenden Plantagenwirtschaft des Südens auf einen Siedepunkt zusteuerten. Mit jedem neuen Bundesstaat, der in die Union aufgenommen wurde, gab es eine erbitterte Debatte darüber, ob Sklavenarbeit in diesem Staat erlaubt sein sollte oder nicht. Der unvermeidliche bewaffnete Konflikt war durch politische Kompromisse hinausgezögert worden, aber niemand hätte sich je träumen lassen, wie grauenhaft und kostspielig dieser Krieg werden würde, nachdem er einmal begonnen hatte.

Wenngleich die Bevölkerung und die industrielle Macht des Nordens weit größer waren als das, was der Süden aufbringen konnte, fühlte sich die Elite der amerikanischen Militärführung dem Süden verbunden. General Robert E. Lee war ein erbitterter Gegner des Krieges, als er begann. Er hasste Sklaverei, liebte die Vereinigten Staaten und hatte den größten Teil seines Erwachsenenlebens in ihrer Armee gedient. Präsident Abraham Lincoln bat ihn, das Kommando über die Unionsarmee zu übernehmen, aber für Lee war es unmöglich, in einer Armee zu bleiben, die vielleicht auf seinen Heimatstaat Virginia marschieren würde. Er sah sich außerstande, das Schwert gegen seine Familie und die Heimat seiner

Vorfahren zu erheben, und so übernahm er nach eingehender Überlegung das Kommando über die Konföderierte Armee, die für eine Abspaltung von der Union kämpfte.

Nach vier Jahren brutaler und grauenvoller Auseinandersetzungen wollte Präsident Lincoln in Washington unbedingt Frieden schließen – manche sagen, um nahezu jeden Preis. Lincoln glaubte, das amerikanische Experiment der Selbstverwaltung sei von so großem Wert und biete den Menschen auf der ganzen Welt so einmalige Chancen, dass nahezu jedes Opfer rechtmäßig sei, um es am Leben zu erhalten. Jefferson Davis, der Präsident der Konföderierten, der seinen Sitz in Richmond im Bundesstaat Virginia hatte, war dagegen bereit, alles zu tun, um den Kampf fortzusetzen, und rief sogar zu einem Guerillakrieg auf.

Unter dem Befehl von General Ulysses S. Grant hatten Unionstruppen sich bis vor die Tore von Richmond vorgekämpft und Lees Armee in einer Belagerung eingekesselt, die über acht Monate andauerte. Im tiefen Süden war eine Armee unter Unionsgeneral William Tecumseh Sherman monatelang unbehelligt marschiert und hatte eine Schneise der Verwüstung geschlagen. Nun aber war dem Konföderiertengeneral Joseph Johnston der Befehl über eine Armee übertragen worden, die sich ihm stellen sollte.

Die Unionsarmeen waren eindeutig im Vorteil, aber Armeen allein gewinnen keine Kriege. Ungeachtet des Erfolgs der Unionstruppen war der Ausgang des amerikanischen Bürgerkrieges noch immer äußerst zweifelhaft. Wie würde der Krieg enden? Wie würde der Sieger den Besiegten behandeln? Würde der Besiegte seine Niederlage überhaupt akzeptieren?

Lincolns diesbezügliche Aussagen anlässlich seiner zweiten Amtseinführungsrede im Monat zuvor waren einzigartig. Er prahlte nicht mit dem Erfolg der Unionsarmee unter seiner Führung, gab dem Süden nicht die Schuld an Krieg und Sklaverei (er sagte, die ganze Nation müsse Verantwortung tragen) und trat mit verblüffender Großherzigkeit für Schlichtung und Vergebung ein. Er sprach davon, dass der Krieg klug und mit großem Vorbedacht enden solle, geprägt von Nächstenliebe für die eigenen Landsleute. Lincoln wollte einen großen Endkampf, ein Armageddon, vermeiden und fürchtete, die Soldaten der konföderierten Armee könnten sich in die Hügel zurückziehen, um einen langen und langwierigen Guerillakrieg zu führen. Seinen Generälen Grant und Sherman sagte er, bei Kriegsende dürfe es keine „blutige Arbeit" geben, keine Erschießungskommandos, keine Erhängungen und keine Vergeltungsmaßnahmen. Er sagte, man solle gnädig mit ihnen umgehen.

Die Truppen von General Lee waren inzwischen in extremen Schwierigkeiten. Sie waren erheblich in der Unterzahl, und es fehlte ihnen an Mänteln, Decken, Schuhen und Nahrung. Lees Männer ernährten sich von Blättern und Rinde und durchsuchten den Pferdedung nach unverdauten Getreidekörnern. Trotzdem war ihr Geist ungebrochen, denn sie bezogen ihre Stärke aus Lees eisernem Willen. Die Moral seiner Armee blieb trotz der großen Verluste unglaublich hoch – die Männer verehrten ihren Kommandeur zutiefst.

Lees Armee verlor Richmond, die Hauptstadt der Konföderierten, am 2. April 1865. Nach fünftägigem Rückzug mit Gewaltmärschen ohne Nahrung holte Grant die Nachhut von Lees Armee ein. Gefechte brachen aus. Die beiden Armeen ließen sich auf einen Nahkampf ein, der mit allen Mitteln geführt wurde. Lee war der Auffassung, er habe zu viele mutige Männer, um eine Kapitulation in Betracht zu ziehen. Außerdem glaubte

er, dass sie, wenn sie nur lange genug durchhielten, um es zu den Blue Ridge Mountains zu schaffen, ihre Stellung dort problemlos zwanzig Jahre würden halten können. Lee war ein angriffslustiger Mann und wollte nicht verlieren. Er hatte drei Möglichkeiten: Er konnte kapitulieren, aber das ging gegen alles, wofür er als Mann und Offizier stand, er konnte eine letzte Schlacht schlagen, in der seine Truppen aufgerieben werden würden, oder er konnte seine Armee auflösen, um einen Guerillakrieg in Gang zu setzen, der im Rückblick eine „Vietnamisierung" Amerikas gewesen wäre. Eine Kapitulation stand im Widerspruch zu den Wünschen seines Präsidenten und zu seinen eigenen mächtigsten Instinkten. Am Palmsonntag gelangte Lee allerdings zu dem Schluss, dass seine Pflicht nicht darin bestand, der Amtsgewalt zu gehorchen, sondern sich ihr zu widersetzen. Er entschied sich gegen einen Guerillakrieg, weil er ein zu großes Blutbad für die Nation bedeutet hätte.

Obwohl Grant der Sieger war, schrieb er Lee Ort und Zeit für ihr Treffen nicht vor, sondern überließ ihm die Wahl. Er mochte Lees Armee besiegt haben, aber er würde nicht auch noch ihre Würde zerstören. Für sein Treffen mit Grant trug Lee seine beste Uniform, denn er war sicher, dass er an diesem Tag Grants Gefangener werden würde. Er konnte nicht wissen, ob man ihn nicht sogar hängen würde, denn das war die übliche Strafe für Rebellen. Grant trug die schlammfarbene Feldbluse eines einfachen Soldaten und kein Schwert.

Grant schlug äußerst einfache und erstaunlich großzügige Bedingungen vor. Lees Männer mussten ein schriftliches Ehrenwort unterzeichnen, in dem sie erklärten, dass sie ihre Waffen nicht mehr gegen die Armee der Vereinigten Staaten erheben würden, und dann konnten sie nach Hause gehen. Grant setzte den sanften Frieden in die Tat um, zu dem Lincoln aufgerufen hatte. Er gewährte der gesamten konföderierten Armee eine Amnestie, was – um es milde auszudrücken – äußerst ungewöhnlich war. Nachdem er Grants Bedingungen gelesen hatte, war Lee sehr erfreut und sagte: „Das wird meine Truppen sehr glücklich machen." Als Lee erklärte, er könne weder die Unionssoldaten, die seine Gefangenen waren, noch seine eigenen Soldaten verpflegen, ordnete Grant sofort an, dass Vorräte durch die Linien geschickt werden sollten.

Lee reichte Grant die Hand, verbeugte sich höflich vor den anderen Offizieren im Raum und ging hinaus. Als er sein Pferd Traveler bestieg, trat Grant auf die Veranda heraus und tippte kurz an seinen Hut, um ihm Respekt zu zollen. Diese kleine Geste war tonangebend für den Frieden und die Heilung, die beide Seiten so dringend brauchten, damit sie eine Nation werden konnten. Als die Unionssoldaten in Freudenrufe ausbrachen, befahl Grant ihnen streng, still zu sein. Er wollte nicht, dass sie sich am Untergang der Konföderierten weideten. Lee ritt in sein Hauptquartier zurück, und seine Männer teilten sich in zwei Reihen, um ihn durchzulassen. Sie jubelten ihm zu, während er näher kam, streichelten Travelers Flanken, als er vorbeiritt, und brachen in Tränen aus. Er sagte zu ihnen: „Geht jetzt nach Hause. Wenn ihr als Bürger ebenso gut seid, wie ihr als Soldaten wart, dann werde ich stolz auf euch sein."

Lee war ein großartiger General (manche sagen, er sei der größte General in der Geschichte gewesen) und ein großartiger Stratege und Taktiker, aber seine edelste Tat vollbrachte er nicht im Krieg, sondern im Frieden, als er einen Guerillakonflikt ablehnte, der die Nation für alle Zeit gespalten hätte. Nachdem er einmal kapituliert hatte, brachte sein überragendes Pflichtgefühl, gepaart mit seinem stark ausgeprägten Ehrgefühl, ihn dazu, sich buchstäblich über Nacht vom Kriegsherrn in einen Förderer des Friedens mit der Union zu verwandeln. So wurde der Mann, der den blutigsten Krieg gegen Amerika führte, zu einer seiner meistbewunderten Persönlichkeiten.

Nachdem Lee sich Grant ergeben hatte, verkündete Lincoln am 11. April von einem Fenster des Weißen Hauses aus, dass er die Abtrünnigen begnadigen wolle. Dann ließ er „die Bombe platzen". Er wurde zum ersten Präsidenten der Vereinigten Staaten, der empfahl, den Afroamerikanern ein Stimmrecht zu geben. Für einen Mann, der draußen stand und diese Worte hörte, war die Aussicht auf ein Stimmrecht für Schwarze jedoch unerträglich. John Wilkes Booth beschloss, dass dies die letzte Rede sein sollte, die Lincoln jemals halten würde. Er war einer der bekanntesten Schauspieler Amerikas und ein fanatischer Verfechter der Sache des Südens.

Fest davon überzeugt, dass er dem Süden die Freiheit bringen würde, ermordete er Präsident Lincoln am 14. April während einer Vorstellung im Ford's Theater.

Als Lincolns Herz am darauffolgenden Tag zu schlagen aufhörte, kam ein Ausdruck unaussprechlichen Friedens über seine müden Gesichtszüge.

Das Land, das noch kaum angefangen hatte, sich von einem Tod unvorstellbaren Ausmaßes zu erholen, wurde nun in eine neue Art von Trauer gestürzt. Der Mann, der das Land in einem vier Jahre während Bürgerkrieg zusammengehalten hatte, wurde in der Stunde seines Triumphs von der Kugel eines Attentäters niedergestreckt. Er folgte seinen 620.000 Landsleuten als Opfer des Krieges.

Es war durchaus möglich, dass nun doch noch ein Guerillakrieg ausbrechen würde. Robert E. Lee hatte fast alles verloren. Seine drei Söhne waren im Krieg als vermisst gemeldet. Das geliebte Anwesen seiner Ehefrau in Arlington war von der Union in einen Friedhof verwandelt worden. Seine beiden anderen Anwesen waren zerstört. Lee war heimatlos und stand ohne einen Penny da, und ihm war nur wenig geblieben, wofür es sich zu leben lohnte. Allein die Tatsache, dass Robert E. Lee sein Wort gegeben hatte, verhinderte, dass der Krieg erneut ausbrach. Im einzigen Interview, das er gab, sagte er, er beklage Lincolns Ermordung, juble darüber, dass die Sklaverei (letztlich die Ursache für den Bürgerkrieg) für immer gestorben sei, und rief alle Südstaatler auf, gute Bürger der Vereinigten Staaten zu werden.

Letztlich war es Lincolns Geist, der am Ende des Krieges durch Ulysses S. Grant, William Sherman, Robert E. Lee und Joe Johnston siegte. Lee erklärte: „Ich habe mich ebenso sehr Lincolns Güte wie Grants Armeen ergeben." Diese wenigen Männer führten im Frieden ebenso gut wie im Krieg. Sie erhoben sich über den Hass der Zeit, die Rufe nach Rache einerseits und Guerillakrieg andererseits, um über die Unterschiede und ihr eigenes Ego hinauszublicken.

Als sich der Pfarrer in der St. Paul's Episcopal Church in Richmond am folgenden Sonntag darauf vorbereitete, die heilige Kommunion auszuteilen, erhob sich ein großer, gut gekleideter Afroamerikaner von seinem Platz im hinteren Bereich der Kirche, der den Sklaven vorbehalten gewesen war, und schritt überraschend zum Kommuniongitter im vorderen Teil der Kirche. Es war deshalb überraschend, weil Schwarze dort noch nie gemeinsam mit den weißen Gemeindemitgliedern die Kommunion erhalten hatten. Die Weißen waren fassungslos und saßen erstarrt auf ihren Plätzen. Auch der Pfarrer war sprachlos und wusste nicht, was er tun sollte. Das stellte ihre ganze Welt auf den Kopf. Es war eine Sache, den Krieg verloren zu haben und ihr Land zerstört zu sehen, aber dass nun auch noch ihre Traditionen umgekehrt wurden, schien einfach zu viel.

Der Schwarze kniete am Kommuniongitter nieder. Der Pfarrer stand reglos, und die Gemeindemitglieder konnten sich nicht rühren.

Dann stand ein älterer weißer Mann auf. Den Kopf mit den schlohweißen Haaren erhoben und mit einem Ausdruck des Stolzes in den Augen schritt er ruhig nach vorne zum Altar und kniete mit stiller Würde am Kommuniongitter nieder, um gemeinsam mit dem Schwarzen die Kommunion zu empfangen. Dieser Mann war Robert E. Lee.

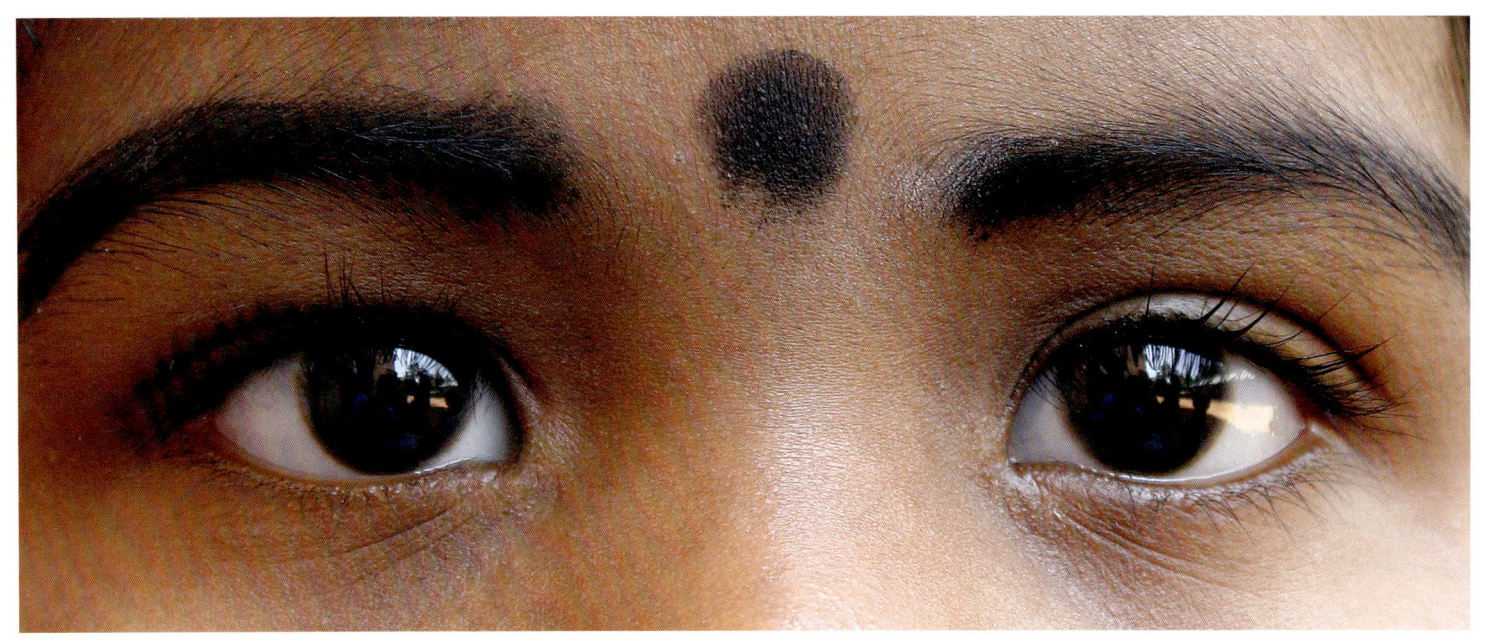

STILLER HELD

Als Kind liebtest du so sehr, dass deine Liebe ein Loch in dein Herz brannte, um in die Welt zu strömen. Das tut sie noch immer. Niemand ist gegen dich immun.

Während das Leben dir ebenso widerfuhr wie uns anderen, hörtest du niemals auf zu geben.

Als Lächeln nicht in Mode war, hörtest du niemals auf zu lächeln.

Als Zynismus an der Tagesordnung war, bliebst du erfrischend aufrichtig.

Als die Lichter ausgingen, beklagtest du dich niemals über die Dunkelheit, sondern strahltest nur umso heller.

Du hörtest niemals auf, nach dem Weg zu suchen, und hinterließest Wegweiser, während du es tatest.

Nicht vollkommen, aber stets befreiend warst du ein Freund aller Menschen, von ungezwungenem Lachen erfüllt.

In deinem Inneren brannte die Liebe noch immer, und du wusstest, dass du zum Brennen bestimmt warst.

Vor langer Zeit gabst du die Vorstellung auf, für die Liebe zu sterben, und fingst stattdessen an, für sie zu leben.

Du lerntest, dass es immer eine Wahl zwischen Lieben und Urteilen gibt, und du hörtest nie auf, anstelle des Urteilens lieben zu lernen.

In jedem Kapitel deines Lebens hinterließest du eine Wegstation, und auch wenn du schon lange gegangen warst, erinnerte man sich noch lange an dich.

Georges Bernanos hat es niedergeschrieben, aber du könntest es gesagt haben:

„Wenn ich tot und dahingegangen bin, sagt dem Königreich der Erde, dass ich es mehr geliebt habe, als ich mit Worten hätte sagen können."

J'AIME

Ich bin in meinem Leben von vielen Menschen geliebt worden, aber im Alter von 34 Jahren spürte ich erstmals, wie Liebe aus einem anderen Menschen heraus- und in mich hineinströmte. Es geschah eines Tages, als ich unsere Tochter J'aime stillte, die zu dieser Zeit etwa 6 Monate alt war.

J'aime war ein sehr heiteres Baby. Viele Leute, die sie kennen lernten, riefen aus: „Wie hinreißend! Was für ein liebevolles Kind. Ich habe noch nie ein so liebevolles Kind gesehen."

Als ich sie an diesem Nachmittag stillte und dabei in ihre Augen sah, erwiderte sie meinen Blick, und etwas sehr Außergewöhnliches geschah. Es war, als ob eine große, rosafarbene Liebesblase aus ihrem Herzen heraus- und in mein Herz hineinschweben würde. Als sie mein Herz traf, erblühte es. Es öffnete sich und wurde in ein Sinnesorgan verwandelt, das sowohl geben als auch empfangen konnte. Mehrere Minuten lang war ich wie gebannt, während das süßeste, wärmste und kostbarste Gefühl, das ich je bei einem anderen Menschen gespürt habe, zwischen uns strömte.

Und während ich in dieser Umarmung der Liebe gehalten wurde, begann ich zu verstehen, dass diese Erfahrung nicht wirklich außergewöhnlich war. Sie war das, wozu Menschen geschaffen sind. Eine Mutter und ihr Kind sind dafür gemacht, diese Art der Liebe miteinander zu teilen.

Dann traf mich urplötzlich die Erkenntnis, dass diese Liebe in jeder menschlichen Beziehung möglich sein musste. Die Chance dazu bot sich mir bei jedem Menschen, den ich kannte, und bei jedem, den ich jemals kennen würde. Liebe auf diese Weise zu erfahren war vielleicht der Sinn unseres Lebens auf der Erde, unsere wahre Berufung. Liebe nicht als eine Vorstellung oder einen Wert, sondern als zutiefst körperliches und emotionales Gefühl, das wir in unserem Herzen erfahren konnten. Nicht alle Menschen waren in ihrem jetzigen Zustand in der Lage, Liebe zu empfinden – sie zu geben oder zu empfangen –, aber ihr Herz konnte durch einen Menschen geöffnet werden, der sie mit seiner Liebe berührte.

Als ich mit J'aime dort saß, fragte ich mich, ob ich wohl imstande wäre, die Liebe, die andere Menschen für mich empfanden, jetzt unmittelbar zu spüren. Wie funktionierte das? Ich dachte, ich könnte es ja ausprobieren, aber mit wem? Der Name, der mir sofort in den Sinn kam, war Jesus. Jedes amerikanische Kind, das zur Sonntagsschule geht, singt: „Jesus loves me, this I know, for the Bible tells me so." Wegen seiner Lehre über die Liebe war er berühmt geworden. „Warum nicht", dachte ich. Die Tatsache, dass ich jahrelang keine persönliche Verbindung zu ihm gespürt hatte, sollte ja eigentlich keine Rolle spielen.

Intuitiv stimmte ich mich auf Jesus ein und öffnete mich, um von ihm zu empfangen. Als ob ein Fenster zum Himmel sich geöffnet hätte, wurde ich sofort von einem großen Strahl der Liebe wie von einem Scheinwerfer getroffen, und ich fühlte mich von einer warmen, freudvollen, persönlichen Nähe erfüllt. Alles, was ich in diesem Moment denken konnte, war: „Wow, was für ein wunderbarer Mensch! Das ist es also, worum es im Christentum wirklich geht." Eine Religion, die darauf aufgebaut war, diese Beziehung zu erfahren, konnte ich voll und ganz verstehen.

Was an diesem Tag geschah, führte dazu, dass ich mich auf die Suche begab, um herauszufinden, wie es mir gelingen könnte, immer häufiger und so tief und umfassend wie möglich Liebe zu empfinden. Ich wollte diese Liebe mit anderen Menschen auf eine Weise teilen, die ihr Herz zum Erwachen bringen würde, damit sie ihrerseits die Herzen der Menschen zum Erwachen bringen könnten. Ich wollte den Menschen mitteilen, dass diese Liebe für uns verfügbar ist, dass sie echt und fassbar ist und Substanz und einen unaussprechlichen Wert besitzt.

Durch die Erlebnisse mit den Menschen in unseren Seminaren habe ich im Laufe der Jahre viel über Liebe gelernt. Ich habe gelernt, dass alle Liebe aus derselben Quelle kommt und dass wir sie unweigerlich selbst empfangen, wenn sie durch uns zu anderen Menschen strömt. Ich habe gelernt, dass alle Liebe eins ist, dass es keine verschiedenen Arten von Liebe gibt, dass sie aber unterschiedliche Eigenschaften besitzt, die erfahren werden können, je nachdem, durch welches Chakra (oder Energiezentrum) ein Mensch sie wahrnimmt.

Durch die einfache Erfahrung, geliebt zu werden, können bei einem Menschen – oder bei vielen hundert Menschen gleichzeitig – alle Chakras geöffnet werden. Chakras können sich sogar durch die Verbindung öffnen, die mit Hilfe des geschriebenen Wortes hergestellt wird.

Die aufregendste Sache aber ist, dass Liebe keine Einbahnstraße ist. Wir können nicht nur Gottes Liebe zu uns spüren, sondern wir können auch spüren, wie unsere Liebe zu Gott in der Gemeinschaft mit ihm zurückfließt. Das, so glaube ich, ist wahres Gebet und wahre Meditation. Das ist es, wofür wir im tiefsten Sinne wirklich geschaffen sind, und das ist unsere Wirklichkeit im Himmel.

JEDER SCHRITT, DEN DU GEHST

Jedes Mal, wenn du einen Schritt gehst,
geht die ganze Welt einen Schritt mit dir,
denn du bist
mit allem und jedem verbunden.
Es gibt keinen Akt der Güte,
keinen Fall von Vergebung,
kein Loslassen,
keinen erteilten Segen und keine empfangene
Gnade,
die nicht jeden Einzelnen
reicher macht.
In dem Maße, in dem dein Bewusstsein erhoben
wird,
dehnt es sich über die ganze Welt aus
und bringt das Bewusstsein aller Menschen überall
voran.

Was du gibst, ist niemals verloren.
Was du segnest, bleibt vom Urteil verschont.
Was du vergibst, löst die Vergangenheit
und ihren Würgegriff über die Liebe auf.
Aus jedem Gefängnis, aus dem du heraustrittst,
treten tausend andere mit dir heraus.
Für jede Tür, die du in deinem Geist öffnest
und die eine wartende Gabe dich erhellen lässt,
öffnen zehntausend andere dieselbe Tür.

Wenn du dein Herz öffnest,
folgt eine Million in deinen Fußstapfen.
Jedes Mal, wenn du den höheren Weg gehst,
zollen die Engel dir Applaus.

Wenn du deine Liebe rückhaltlos gibst,
dann strömt Gottes Liebe durch dich hindurch
in einem Wunder,
und der Erde werden tausend Jahre
des Leidens erspart.

Früher oder später wirst du dich daran erinnern,
dass du das Licht bist.
Möge es früher sein.
Früher oder später wirst du dich daran erinnern,
dass du eins
mit jedem und allem bist.
Möge es früher sein.
Gott selbst rechnet auf dich.
Gott selbst weiß, dass du früher oder später
deinen Platz
als Erlöser der Welt einnehmen wirst.
Möge es früher sein.

Jeden Schritt, den du gehst,
geht die ganze Welt mit dir.

LA NEIGE TOMBE

Schnee fällt, und mein Herz ist still. Bei Vollmond wandert es durch den mitternächtlichen Wald. Flocken fallen herab und hüllen die Welt in einen Abgrund der Stille. Meine Seele öffnet sich wie eine Frau, die liebt.

Endlich kann ich Gottes Worte hören:
„Sei in Frieden.
Alles ist gut.
Du wirst geliebt.
Nicht eine einzige Seele wird fallen
aus meinem liebenden Halt.
Ich kenne dich vollkommen.
Ich liebe dich ganz und gar.
In dem Augenblick, in dem die Zeit und ihr Traum
enden,
wirst du wissen,
dass du immer in meinen Armen gewesen bist.
Hab keine Furcht.
Wenn du aus den einsamen Korridoren
der Zeit erwachst,
werde ich da sein.
Ich bin immer da
und warte darauf, dass du dich erinnerst.
Schau nach vorne,
ich bin da.
Schau in dich hinein,
ich bin da.

Schau neben dich,
ich bin da.
Schau hinter dich,
ich folge dir,
dein treuer Freund,
bereit, dich aufzufangen, solltest du
fallen.
Sei unbesorgt.
Keine Last ist zu schwer für mich.
Befreie dein Herz von seiner Bürde.
Schaffe Raum.
Lasse mich ein, um dich zu lieben.
Ich bin dein Freund.
Zu Hause warte ich auf dich.
Für dich brennt immer ein Licht."

Ich, der ich in den Nebeln der Zeit
wohne, tappe zurück in mein Leben
und bin doch auf der Reise nach
Hause nicht länger allein.

ICH BIN UNSCHULDIG!

An einem Wochenende im Jahre 1995 hielt unsere Familie sich in Vancouver auf, weil Chuck und ich dort ein Wochenendseminar gaben. Wir wohnten bei Charles, einem guten Freund, der damals auch unser Promoter war. Nun war Charles schon immer ein eingefleischter Junggeselle gewesen. Eine lebhafte Familie mit kleinen Kindern zu Gast zu haben (J'aime war zu dieser Zeit acht, und Christopher war zehn) musste für ihn eine Herausforderung sein, auch wenn er immer ein sehr großzügiger und liebenswürdiger Gastgeber war. Obwohl die Kinder bei uns zu Hause nie etwas zerbrachen, gebe ich zu, dass wir bei Charles im Laufe der Jahre eine Reihe von Designer-Stehlampen ersetzen mussten.

Es war Abend, und Charles hatte im Wohnzimmer auf einem kleinen Beistelltisch mit Glasplatte eine Sammlung von etwa zwanzig Kerzen angezündet. Wir vier,

Charles und unsere Freundin Susan hielten uns dort auf. Chuck hockte gerade auf allen vieren auf dem Boden – ich glaube, er legte Karten –, als J'aime ihn plötzlich entdeckte. Hier muss ich zum besseren Verständnis zunächst ein wenig in unsere Familiengeschichte zurückgehen. Seit ihrer frühesten Kindheit hatte J'aime es immer als offene Einladung zu einem Ponyritt betrachtet, wenn sie Chuck so wie jetzt auf dem Boden sah. Sie hatte außerdem die Angewohnheit, seine Zeitungen zu „durchbrechen", wenn er sie morgens hochhielt, um darin zu lesen. Solche Überraschungen waren immer dafür gut, bei Dad einen Lachanfall auszulösen.

Der Anblick ihres nichts ahnenden Vaters auf dem Boden zog J'aime magisch an, und schon raste sie quer durch das Zimmer und sprang auf seinen Rücken. Sie landete mit solcher Wucht, dass Chuck das Gleichgewicht verlor. Beide kippten zur Seite ... und warfen dabei den Tisch voller Kerzen um.

Wir alle sahen entsetzt zu, wie zwanzig Kerzen ihr leuchtend farbiges, flüssiges Wachs auf den cremefarbenen Teppichboden ergossen. Mit offenem Mund starrten wir J'aime an, denn wir waren zu geschockt, um etwas zu sagen. Sie reagierte sofort, indem sie die Arme in die Luft warf, mit ihren kleinen Händen das Friedenszeichen formte und mit strahlendem Gesicht krähte: „Ich bin unschuldig!"

Es dauerte einen Moment, bis wir diese plötzliche Wende verdaut hatten, aber sie hatte natürlich Recht. Sie war unschuldig. Wir alle waren unschuldig. Wie klug von ihr, sich angesichts einer so spektakulären Versuchung daran zu erinnern! Wir alle brüllten und kugelten uns vor Lachen.

Am Morgen darauf gelang es Chuck mit Hilfe von braunen Papiertüten und einem heißen Bügeleisen, das Wachs komplett aus dem Teppichboden zu entfernen. Charles' Wohnung trug durch unseren Besuch keinen dauerhaften Schaden davon, und wir alle hatten eine tiefe, denkwürdige Lektion gelernt. In *Ein Kurs in Wundern* heißt es, dass unser Wesen vollkommene Unschuld ist, ungeachtet aller Erscheinungen.

SIE SIND HEUTE HIER BEI DIR

Deine Ahnen sind heute hier bei dir.
Du bist der krönende Punkt all ihrer Mühen,
die Frucht deines Ahnenbaums.

Alle ihre Gaben, Talente und Leistungen
vereinen sich in dir.
Du bist ihre Hoffnung,
weil du noch immer am Spiel teilnimmst.
Du bist ihr Star,
und wenn du einen Moment innehältst,
kannst du sie jubeln hören.

Die Mitglieder deiner Familie sind hier bei dir,
ganz gleich, ob sie ihren Körper noch bewohnen oder
nicht.
Sie sind stolz auf dich.
Jeder Lehrer, jeder Trainer,
jeder Freund, der dich kannte,
der an dich glaubte
oder das Licht in dir leuchten sah,
ist heute hier bei dir.

Du bist heute wie an jedem Tag
umgeben von
allen deinen Führern, Engeln und Heerscharen
des Himmels.
Es muss ein besonderer Tag
für dich sein,
auf diesem Gipfel der Liebe zu stehen.

Heute ist die Geburtsstätte der Ewigkeit.
Heute ist es möglich, der Vergangenheit zu vergeben
und sie loszulassen.
Heute ist es möglich, Urteil und Angriffsgedanken
aufzugeben
und den Tag rein zu machen,
sodass du einen Blick auf das Licht erhaschen
kannst,
das sich in alle Ewigkeit erstreckt,
mit einem Lachen so voller Freude,
dass es nicht zurückgehalten werden kann.

Heute könntest du erkennen,
dass du in einer Gefängniszelle sitzt, die du
selbst geschaffen hast
und die keine Seitenwände besitzt.
Die einzigen Gitterstäbe, die sie hat,
sind jene, die du selbst an Ort und Stelle
hältst.
Du könntest sie heute loslassen
und an allen Gitterstäben vorbeigehen,
die aufzuheben du versucht bist.

Heute verlassen deine Ahnen sich auf dich.
Heute verlassen all jene sich auf dich,
die ihre Fackel an dich weitergegeben haben,
weil du ihnen am ehesten fähig schienst,
die Mission zu Ende zu bringen.
Heute leuchtet ihr Licht in dir.
Heute kannst du erfolgreich sein.
Deshalb bist du hier.

Sie sind heute hier bei dir.

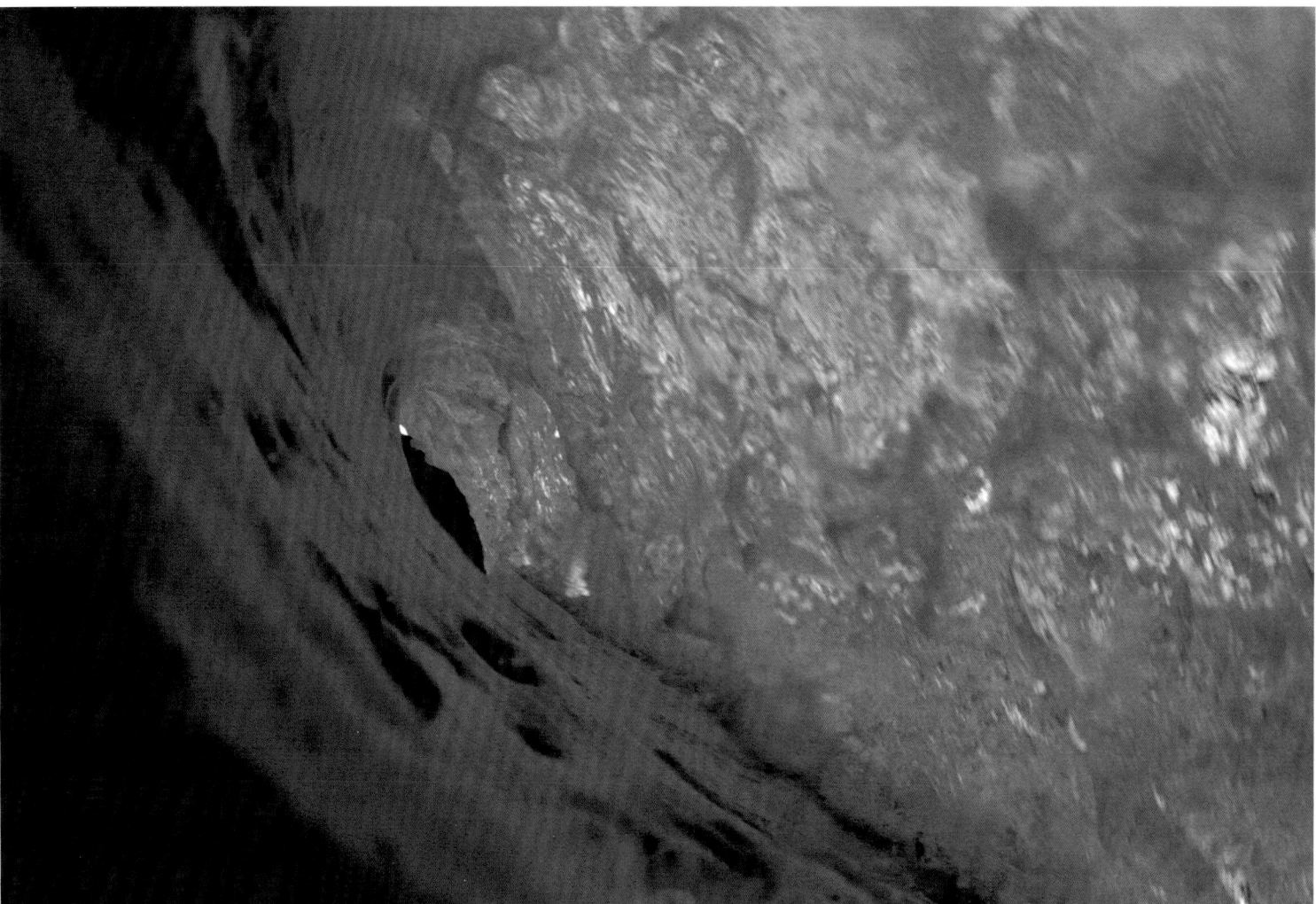

DER HIMMEL IST ZU FERN

Der Himmel scheint zu fern. Die meisten Menschen können nicht an ihn glauben. Wir können Gott nicht spüren oder sehen, und er ist bestenfalls eine Vorstellung, bei der wir uns nicht sicher sind, ob wir ihr wirklich vertrauen. Wir hören, Gott sei Liebe, aber wo ist die Liebe? Und was ist mit der Welt geschehen?

Doch Gott ist nicht zu fern, wenn er in deinem Herzen lebt.

Die Menschen erfahren Gott durch dich. Sie sehen Gott in deinen Augen. Deine Liebe lässt Gott wirklich werden. Deine Liebe strahlt so hell, dass die Menschen durch dich göttliche Liebe erfahren. Du erinnerst dich an Gott, der allen alles gibt, indem du gibst. Die Menschen in deiner Umgebung erinnern sich an Gott durch das, was du gibst.

Wärest du bereit, eine lebendige Brücke zwischen Himmel und Erde zu sein? Wärest du bereit, durch dein weites Herz den Menschen zu helfen, Gott zu erkennen? In deinem Lachen können deine Freunde Gott lachen hören. In deinem Lächeln wird Hoffnung erneuert. In deiner Gnade wird jeder Prozess gegen deine Brüder eingestellt. Dein Erinnern sagt ihnen, dass sie niemals vergessen waren und niemals vergessen werden können. Ihnen wurde stets vergeben. Sie waren stets geliebt. Der Himmel wirkt durch deine Hilfe. Durch das Wunder, das du bist, geschehen die Wunder des Himmels. Durch dein Erwachen wird dein Bruder erweckt. Durch deine Gegenwart wird Gottes Gegenwart angerufen, und der Himmel erstreckt sich zur Erde. Der Himmel wäre zu fern, wenn es dich nicht gäbe.

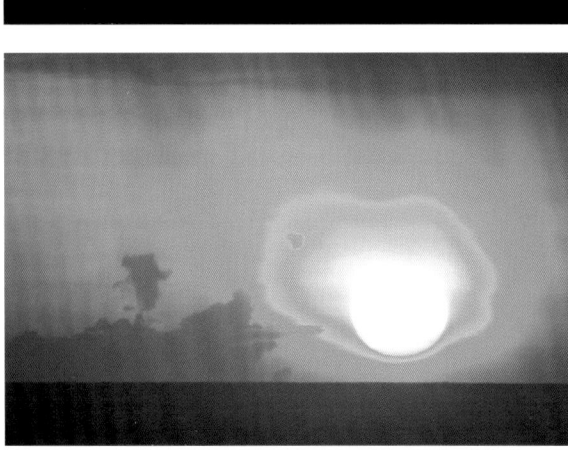

ICH BIN DEIN INSTRUMENT

Ich bin dein Instrument.

Ohne dich liege ich nutzlos herum, aber wenn du mich in die Hand nimmst, werde ich lebendig. Wenn du mich spielst, bricht mein Herz in einem Lied auf. Ich wachse über mich selbst hinaus, und ich kann wieder singen.

Herr, ich bin dein, um mich zu spielen. Mache deine wunderbare Musik auf mir. Bringe Harmonie in diese grausame Welt. Lasse deine Liebe durch mich aufsteigen. Ich will meine kleine Liebe deiner unendlichen Symphonie hinzufügen.

Ich bin von Dankbarkeit erfüllt, wenn du durch mich Musik machst. Ich bin nichts ohne dich. Lasse mich dein Schlagzeug sein, das dein Kommen verkündet. Schmettere Noten der Freiheit durch meinen Geist, auf dass die Pforten der Hölle einstürzen.

Lasse deine sehnsuchtsvolle Melodie mich durchzittern, sodass im Weben dieses süßen Klageliedes wir uns in all den dunklen Nächten an unser Zuhause erinnern. Spiele mich, Herr, ich bin dein Instrument. Du bist mein Erschaffer. Ich lebe dafür, gespielt zu werden. Mein Sinn liegt in deiner Musik begründet.

Spiele mich für meine Brüder und Schwestern. Ich besitze kein Leben, wenn du mich nicht spielst. Berühre meine tiefste Saite. Führe mich an meine weiteste Grenze. Spiele mich bis zu meinem eigenen Ende und darüber hinaus.

Lasse dein Lied in mir und durch mich erklingen. Es wird das kleine Lied meiner Seele größer machen. Lasse mich nur der Musik treu sein. Die Musik ist alles. Spiele mich oft, und immer werde ich dein getreues Instrument sein. Ich lebe für deine Musik.

Liebe hält die Zeit an --

und lässt die Ewigkeit beginnen.

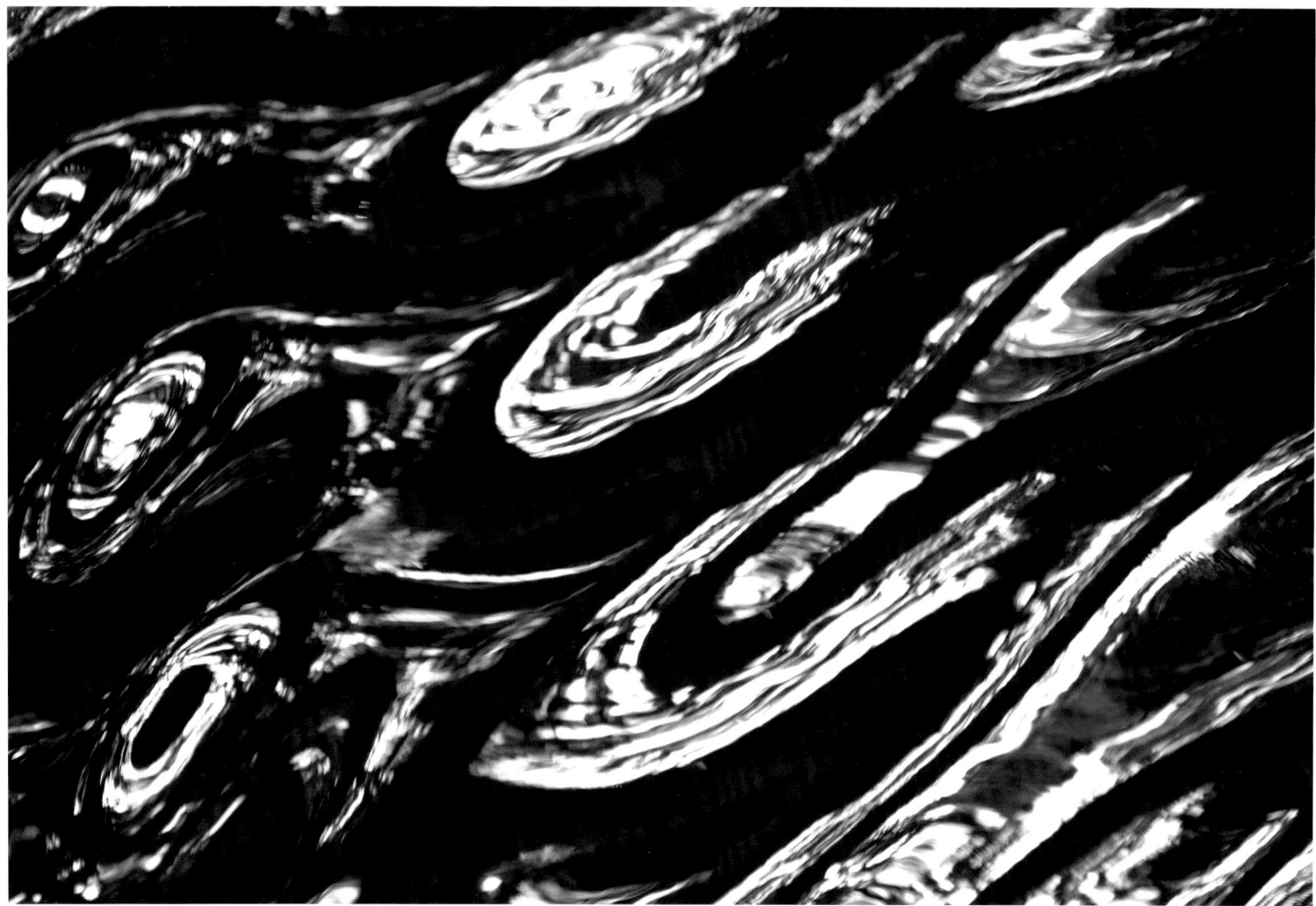

RÜCKKEHR ZUM EINSSEINS

Jeder Suchende gelangt in seiner Entwicklung an einen Punkt, an dem sein einziger Wunsch darin besteht, zu dem Punkt zurückzukehren, an dem er sich dafür entschieden hat, ein Ego in der Dualität zu sein, die Schritte des irrsinnigen Weges zurückzugehen, der zum Wahnsinn der Trennung geführt hat, die Stufen der Leiter zum Einssein wieder zu erklimmen. An diesem Punkt verstehen wir endlich, dass niemand je etwas getan hat, um uns von der Liebe Gottes zu trennen, und dass die Trennung in Wahrheit niemals geschehen ist. Das Suchen und der Suchende fallen fort, wenn wir uns an unsere wahre Identität erinnern.

Wir spüren eine große und brennende Liebe zu Gott, deren Ruf so stark ist, dass er schließlich beantwortet werden muss. Dieses Bewusstsein haben wir so weit wie nur möglich von uns fortgeschoben aus Angst vor der Reinheit der Liebe, die einfach ist … fälschlicherweise fürchtend, dass die Macht dieser Liebe uns hilflos machen würde und wir in Gottes Gegenwart scheinbar aufhören würden zu sein.

Unser einziges Problem ist die Schuld, die wir aufgrund unseres Glaubens an die Trennung empfinden, und diese Schuld ist es, der wir uns zuwenden müssen. Wenn wir die Erkenntnis zulassen, dass sie unwirklich ist, dann hat die Welt, die eine Abwehr gegen diese Schuld ist, keinen Sinn. Sie wird einfach verschwinden, und wir werden uns an die Wirklichkeit erinnern.

Für einen Träumenden, dessen einziges Bedürfnis darin besteht, aus dem Traum zu erwachen und nach Hause zurückzukehren, sind alle anderen Bedürfnisse lediglich eine Abwehr gegen dieses Bewusstsein.

Wir spüren eine große und brennende

Liebe zu Gott,

deren Ruf so stark ist,

dass er schließlich beantwortet werden muss.

DIE STEINE WÜRDEN SCHREIEN

Als Jesus an dem Sonntag, bevor er durch seine Feinde zum Tode verurteilt und gekreuzigt wurde, in Jerusalem einzog, breiteten die Jünger ihre Kleider und Palmwedel auf der Straße aus, damit der Esel, auf dem Jesus ritt, darauf laufen konnte. Dann fing die Schar an, Gott freudig und mit lauter Stimme zu preisen wegen all der Wunder, die sie Jesus hatten vollbringen sehen.

Einige Pharisäer, seine ärgsten Kritiker, riefen ihm zu: „Meister, bring deine Jünger zum Schweigen!"

Jesus erwiderte ihnen: „Ich sage euch: Wenn sie schweigen, werden die Steine schreien." Das Jubeln war ein Ereignis – wenn die Leute aufgehört hätten zu schreien, dann hätten die Steine der Straße den Ruf aufnehmen müssen. Es gab keine geplante Willensäußerung. Es geschah einfach. Ich weiß, wie das ist.

Das Modell, das Chuck und ich entwickelt haben, die *Psychology of Vision*, basiert auf Konzepten von *Ein Kurs in Wundern*, einem der ganz wenigen nicht-dualistischen Denksysteme, die es auf der Welt gibt. Als Chuck und ich von dem nicht-dualistischen psychospirituellen Modell hörten, das an der *Oneness University* unweit der indischen Stadt Chennai gelehrt wurde, wollten wir deren Methoden kennen lernen. Unsere erste Gelegenheit, an einer Veranstaltung der *Oneness University* teilzunehmen, hatten wir im Januar 2007. Spirituelle Führer, Pädagogen und Politiker in allen Teilen der Welt haben in der *Oneness University* gemeinsamen Boden erkannt, auf dem Differenzen überbrückt und überwunden werden können und die menschliche Arbeitskraft, die gebraucht wird, um die Probleme der Welt zu lösen, vernetzt und gebündelt werden kann.

Die Oneness-Bewegung wurde von einem Ehepaar ins Leben gerufen, Sri Amma und Sri Bhagavan. Die hinduistische Tradition erkennt beide als Avatare an, als direkten, ungehinderten Ausdruck der Liebe Gottes. Dies ist die höchste Anerkennung, die ein spiritueller Lehrer erlangen kann. Am Ende des Kurses (der zu unserer großen Freude dem, was wir lehren, sehr ähnlich war) wurde uns die Gelegenheit zu einem privaten Treffen mit Bhagavan geboten. Diese Chance ließen Chuck und ich uns natürlich nicht entgehen.

Auf dem Weg zu dem Treffen überlegten wir, wie wir Bhagavan begrüßen sollten, wenn wir ihm vorgestellt wurden. Wie in anderen Kulturen, so gibt es auch in Indien ein Protokoll, das vorschreibt, wie man sich in gesellschaftlichen Situationen verhält. Inder werfen sich vor ihren Eltern, älteren Menschen, Lehrern und erhabenen Seelen nieder und berühren ihre Füße. Der Ältere segnet sie seinerseits, indem er die Hand über ihren Kopf hält oder darauf legt. Das Berühren der Füße in der Niederwerfung ist ein Zeichen des Respekts vor dem Alter, der Reife, der Erhabenheit und der Göttlichkeit, die ältere Menschen verkörpern.

Die Niederwerfung würdigt ihre selbstlose Liebe und die Opfer, die sie für das Wohlergehen des Betreffenden gebracht haben, und erkennt demütig ihre Größe an. Den größten Respekt erweist man, indem man sich völlig niederwirft, sodass Füße, Knie, Bauch, Brust, Stirn und Arme den Boden vor dem Älteren berühren.

Ich war ein wenig nervös, wie bei meiner ersten Teilnahme an einem katholischen Gottesdienst. Einerseits wollte ich alles richtig machen, wenn die Leute niederknieten, das Knie beugten, das Kreuzzeichen machten oder sich mit heiligem Wasser segneten, aber andererseits war ich nicht katholisch … was also sollte ich tun?

Dazu kam, dass Chuck und ich Amerikaner waren. Unsere egalitäre Erziehung in einer klassenlosen Gesellschaft hatte uns gelehrt, uns vor niemandem zu verbeugen. Es würde sich sehr befremdlich anfühlen, dieser Konditionierung zuwider zu handeln. Was also würden wir tun? Chuck meinte, dass wir einfach wissen würden, was wir tun sollten, wenn der Moment gekommen war, und wir ließen es los.

Als die Tür der Halle sich vor uns öffnete, sahen wir Bhagavan etwa zwölf Meter entfernt sitzen. Er war ein schlanker, mittelgroßer Mann mit lichtem grauem Haar und einem sehr gepflegten Bart.

Was als nächstes geschah, scheint irgendwie verschwommen, weil es so schnell ging. Chuck und ich waren bei seinem Anblick so überrascht, dass wir sofort zu lachen anfingen. Wenn ein Außerirdischer dort gesessen hätte, wäre der Schock nicht größer gewesen. Die Luft um Bhagavan schien dünner. Güte und Liebenswürdigkeit strahlten von ihm aus. Er war von einer Feinheit, die bewirkte, dass wir ihn voller Behutsamkeit betrachteten wie einen Schatz. Er besaß Demut und Größe zugleich. In seiner Präsenz zu sein war ein spürbares Geschenk für unsere Seelen.

Ich erinnere mich nicht, wie wir den Raum durchquerten, um zu ihm zu gelangen. Ich erinnere mich nur noch, wie wir mit dem Gesicht nach unten auf der Matte landeten, die Arme nach vorne ausgestreckt, um seine Füße zu berühren. Wir hatten nicht bewusst entschieden, es zu tun, unsere Körper taten es automatisch. Etwas anderes wäre nicht möglich gewesen. Es war, als würden die Steine schreien – es geschah ganz einfach, ein Freudenfest. Er berührte unsere Köpfe und ermunterte uns, uns wieder aufzurichten und zu ihm zu setzen. Chuck und ich waren noch immer sprachlos und lachten über den Widerspruch, ihn in dieser Welt zu sehen.

„Wer sind diese glücklichen Leute?", fragte er mit großer Freude. „Woher kommen sie?"

Über eine Stunde sprachen wir über unsere gemeinsamen Visionen und unsere Arbeit. Er war vollkommen ungezwungen, äußerst sachlich und freundlich, interessiert und ungemein intelligent. Er hatte einen weltumspannenden Aktionsplan, um Konflikte zu lösen und Spaltung zu beenden, und allein seine Gemeinschaftsprogramme für die umliegenden 185 Dörfer trugen viel dazu bei, menschliches Leid zu lindern.

Bevor wir gingen, hatte ich den nachhaltigen Eindruck, dass die Spule des Films, den ich sah, gewechselt wurde. Ein neues Ende – ein glückliches Ende – würde sich entwickeln. Diese Welt mit ihrer Unbeständigkeit und Angst würde zueinander finden. Das dunkle Zeitalter, in dem die Menschheit so lange gelebt hatte, war vorüber, und ein Zeitalter der Erleuchtung folgte auf seinen Fersen.

MEINE LIEBLINGSGESCHICHTE

Meine Lieblingsgeschichte handelt von einem Jungen, der nach einem schweren Sturm am Strand entlang läuft. Der Strand ist übersät mit vielen tausend Seesternen. Der Junge geht von einem Seestern zum nächsten, hebt ihn hoch und wirft ihn in den Ozean zurück. Ein Mann, der den Jungen beobachtet, geht zu ihm hin und sagt: „Was glaubst du denn, was du hier tust? Das macht doch nicht den geringsten Unterschied – es sind einfach zu viele Seesterne."

Der Junge fährt in dem, was er tut, unbeirrt fort. Er hebt einen weiteren Seestern auf und wirft ihn zurück ins Meer mit den Worten: „Für den hat es einen Unterschied gemacht."

Er bückt sich, hebt den nächsten Seestern auf, schleudert ihn ins Wasser zurück und sagt: „Und für den hat es auch einen Unterschied gemacht." Dann geht er weiter am Strand entlang.

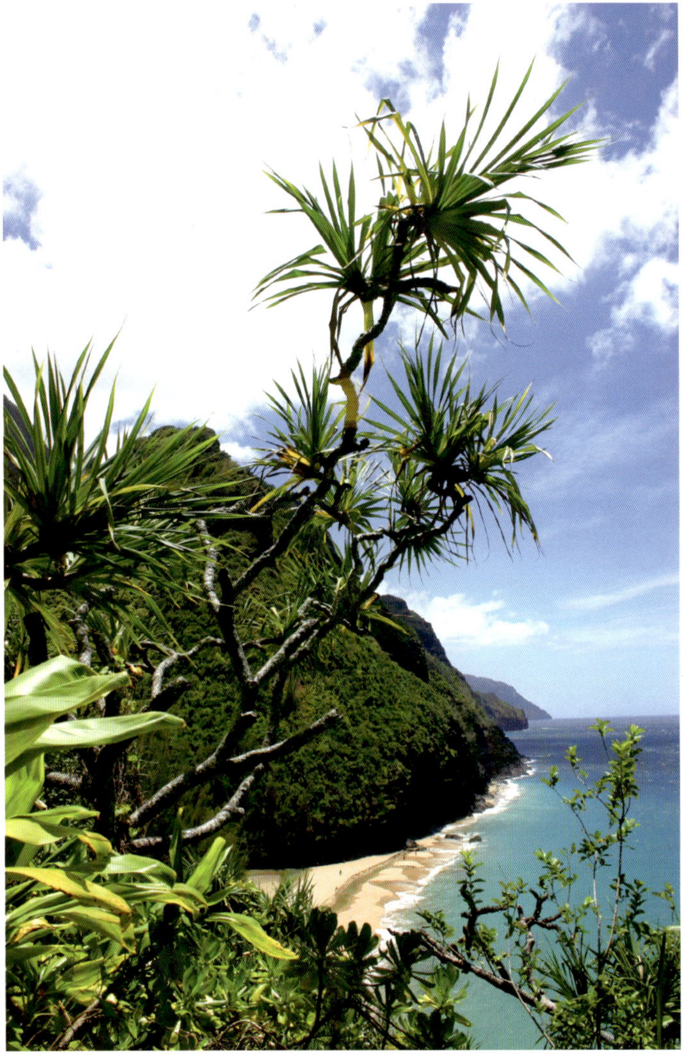
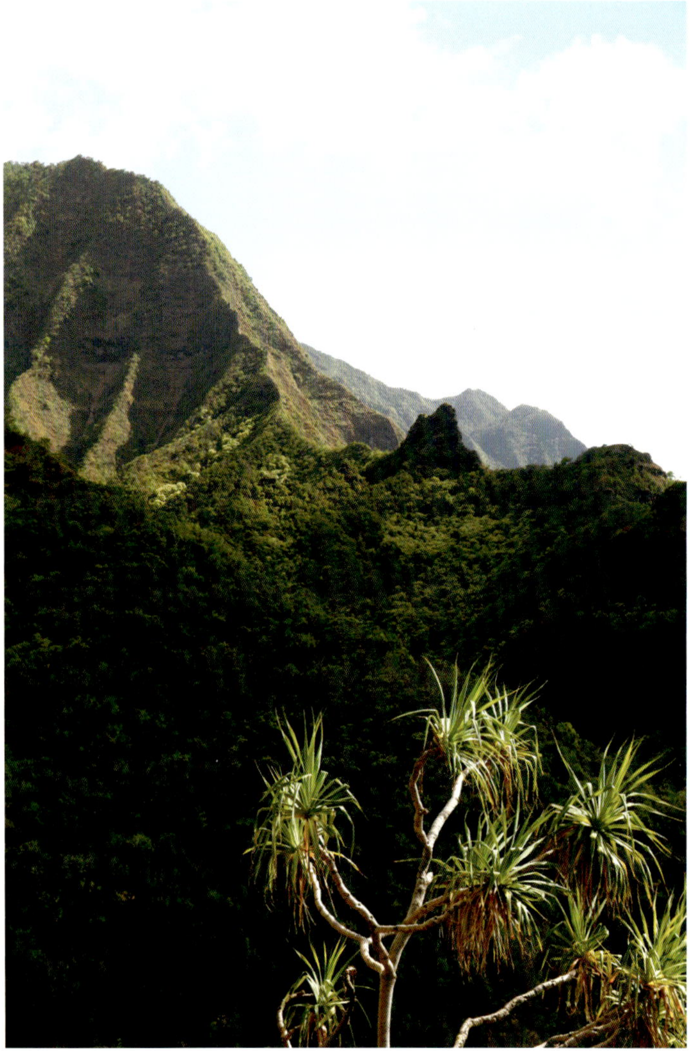

FREUNDE, DIE FREUNDEN HELFEN

Eines Tages setzte ich mich an meinen Schreibtisch, öffnete mein Bewusstsein und fragte: „Was würde der Welt helfen?" Die innere Stimme war kraftvoll und klar. Sie sagte: „Eine Idee."

Ich fragte, welche Idee stark genug wäre, um der Welt zu helfen, und die Stimme sagte: „Eine Idee, hinter der jeder Mensch stehen könnte."

Ich fragte weiter: „Hinter welcher Idee könnte jeder Mensch stehen?" Die Antwort, die ich erhielt, lautete: „Freunde, die Freunden helfen."

Ich dachte ein paar Minuten lang über die Idee nach und konnte erkennen, dass sie tatsächlich eine wunderbare Macht der Inspiration besitzt. Fast alle Menschen wollen der ganzen Welt helfen, wissen aber nicht, wie. Fast alle Menschen bleiben passiv, weil es ihnen scheinbar zu große Angst einflößt, die Führung zu übernehmen. Aber jeder will ein guter Freund sein.

Ein Freund, der Freunden hilft, wäre ein Freund aller Menschen und würde Fremde als Verbündete behandeln. Ein Fremder ist ganz einfach ein Freund, dem du noch nicht begegnet bist. Was würdest du für einen Freund nicht alles tun?! Nimm alle Menschen in dein Herz auf.

Wenn du lernen könntest, allen Menschen – allem zum Trotz – ein Freund zu sein, dann würde sich dein Leben verwandeln.

Wenn du allen Menschen ein Freund wärest, dann würde dein Bewusstsein sich für Möglichkeiten öffnen, wie du der ganzen Welt helfen kannst.

Erfüllung erwartet dich. Würdest du ein Freund sein, der Freunden hilft? Würdest du ein Freund des Lebens sein? Würdest du ein Freund der ganzen Welt sein? Würdest du derjenige sein, zu dessen Begräbnis, wenn du deinen Körper einmal verlassen haben wirst, viele Menschen kommen, von denen jeder sagt: „Er war mein bester Freund. Sie war da, als ich sie am meisten gebraucht habe. Er kannte mein innerstes Herz. Sie war immer da, um mir zu helfen – manchmal sogar schon, ehe ich wusste, dass ich Hilfe brauche. Er kam, als alle anderen gingen."

Würdest du ein Freund des Lebens, ein Freund der Welt sein? Die Welt braucht dich. Würdest du allen Menschen ein Freund sein, denen du heute begegnest? Würdest du allen Menschen heute ein Freund sein durch das, was du von dir selbst gibst? Wenn du dein Herz öffnest, dann wirst du zum Freund der ganzen Welt. Freunde, die Freunden helfen, werden die Welt verändern. In dem Maße, in dem du deinen Freunden hilfst, trägst du zur Veränderung bei. In dem Maße, in dem alle Menschen zu Freunden werden, bekommt die Welt ein anderes Gesicht.

ICH BIN VERGEBUNG

Ich bin von Allem Was Ist gesandt, um dich daran zu erinnern, dass das Reich, das du vor so langer Zeit verlassen hast, dich noch immer erwartet.

Ich bin hier, um dir zu helfen, dich an dich selbst zu erinnern.

Ich bin hier, um dir zu helfen, dich zu erinnern.

Ich bin hier, um zu helfen.

Ich bin Vergebung.

Ich bin das, was dir sagt, dass alle deine Wünsche dir bereits gehören und dass niemand dich von ihnen fernhält als du selbst.

Ich bin das, was jeden Mann zum Bruder, jede Frau zur Schwester macht.

Ich bin der Weg zum Glücklichsein. Wenn du nicht glücklich bist, dann rufe meinen Namen.

Ich bin das Verstehen, dass du anderen die Schuld an Fehlern gegeben hast, die du gemacht zu haben glaubtest.

Ich bin das, was jedes Verbrechen in einen Fehler verwandelt, jeden Fehler in eine Lektion, jede Lektion in eine Gabe.

Ich bin die Gabe, die niemals aufhört zu geben, die keinen Grund sieht, die Distanz zwischen euch aufrechtzuerhalten.

Ich erschaffe die Wirklichkeit mit wahrer Richtigkeit neu und lasse dich durch die Augen der Liebe schauen.

Meine Kunst liegt darin, die Wahrheit dessen zu zeigen, was schon immer da war: dass das Universum aus einem einzigen Stoff besteht und dass jeder Strang aus Licht euch alle als ein Teil eurer selbst berührt.

Wenn einer von euch im Licht zittert, spürt ihr alle die Kälte.

Ich bin die wahre Zeugin der Wirklichkeit. Wenn du auf andere Zeugen hörst, dann machst du deine Bedürfnisse wirklich und meißelst ihre hungrigen Münder ins Herz der Menschen, die du liebst.

Ich bin hier, um dir zu sagen, dass Erbarmen die einzige Gerechtigkeit und dass Strafe nur eine Maske für Rache ist.

Ich bin die Einzige, die für den Strafvollzug zuständig ist und dafür kein Gefängnis braucht.

Ich lehre, aber ich benutze niemandes Blut, um die Schriftstücke zu korrigieren.

Wenn ich deine Selbstgerechtigkeit gekränkt habe, dann, um deine Richtigkeit zu verteidigen.

Wenn du selbstgerecht bist, ist es nicht deine eigene Schuld, die du zu verbergen suchst? Warum solltest du sonst darauf beharren, die Unwirklichkeit wirklich machen zu wollen?

Ist es nicht deshalb, weil du hoffst, dass der Tod woanders auf Jagd geht?

Denke daran, dass es, wenn der Sensenmann irgendwo die Ernte einfährt, nur eine Frage der Zeit ist, bis er zu dir kommt.

Opfere niemanden dem Urteil, denn sonst wirst du den Futterruf, den du selbst an den Tod sendest, nicht überleben.

Ich bin die Gnade von Wundern.

Es gibt kein Hindernis, das ich nicht überwinden kann, keine Hürden, die mich stoppen, keine Grenzen, die mich zurückhalten können.

Ich bin das, was sagt, dass alles, was du gibst, dir selbst gegeben wird.

Ich nehme alle Sockel fort, ohne dass jemand zu Fall kommen muss.

Die Überredungskünste der Anziehungskraft und ihr Lohn zukünftiger Bestrafung können mich nicht berühren.

Ich bin das Lösemittel, das Schuld klärt – das große Fliegenpapier des Lebens.

Ich bin der glückliche Traum, der alle Alpträume verbannt.

Ich bringe nicht ein Pfund Schmerz, sondern eine Unze Heilung.

Das Glücklichsein macht keine Gefangenen: Ich befreie sie alle als Verbündete.

In meinem Lager gibt es keine Verlierer. Alle kommen und tragen Gaben.

Veteran fremder und heimischer Kriege, der du trinkst, um deine Gefühle zu finden, und doch deinen stillen Kummer betäubst, der du im Dunkel weinst wie ein Kind … rufe nach mir.

Rufe nach mir, damit ich dir helfe, nach Hause zu gelangen. Ich kenne dich, mein kostbares Kind. Ich würde dich niemals verlassen. Ich bin die Gabe, die allen Schaden zunichte macht.

Ich bin das Gegenmittel für jede Krankheit. Ich bin Heilmittel und Trost zugleich.

Ich befreie dich von dem Schmerz, der letztlich aus jedem Vergleich entsteht.

Auf der dunklen Seite der Meinungsverschiedenheiten vergesse ich das Teilen nicht.

Ich lasse dich wissen, dass niemanden eine Schuld trifft – nicht einmal dich.

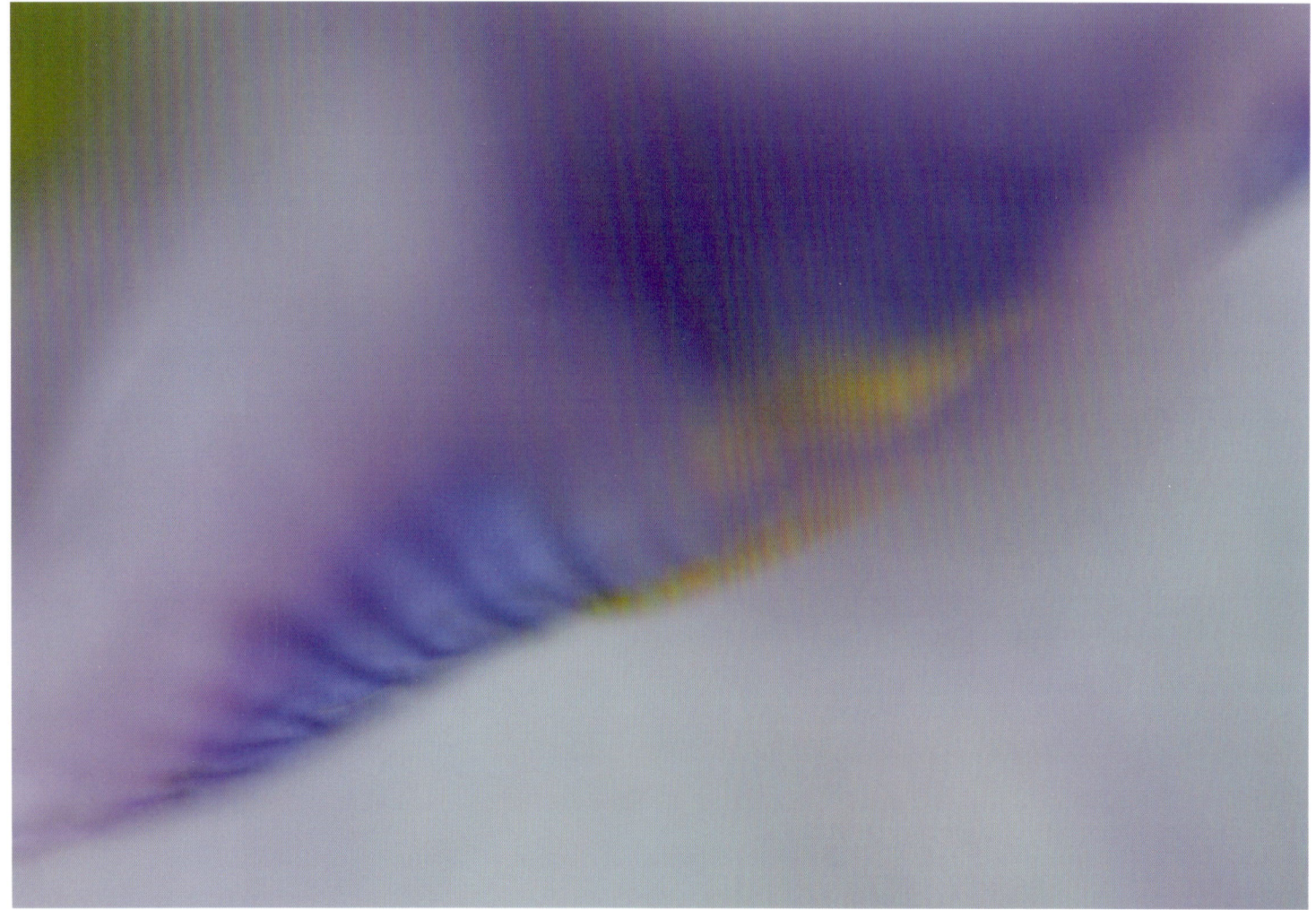

Jeder Makel des Lebens, der deine vorbeigehende Unschuld beschmutzt hat, wird rein durch mich.

Du behandelst mich wie einen Bettler, während ich ein König bin. Meine Macht ist es, die Adel erschafft.

Du sprichst von erobern oder aufgeben. Ich spreche von loslassen, sich hingeben und im Fluss bleiben.

Du sprichst von Sklaverei oder Aufopferung. Ich spreche von dienen.

Ich bitte dich nicht um Aufopferung, sondern um Verstehen. Du, der du so willens bist, dich für diejenigen aufzuopfern, die du liebst, denke daran – Aufopferung bedeutet, dass immer weniger von dir übrig ist, das du geben könntest, sodass ihr letztlich beide verliert. Und was wirst du tun, wenn diejenigen, die du liebst, Aufopferung anstelle von Liebe lernen? Nenne mir eine Aufopferung, die letzten Endes nicht ein hohes Maß an Wiedergutmachung benötigt hätte.

Ich übergebe dir abermals dich selbst heil und dein Herz unversehrt zurück. In mir begegnen sich Macht und Unschuld als Freunde.

Alle geliebten Menschen werden dir zurückgegeben, und keiner geht verloren.

Jeder kommt in seinem ursprünglichen Licht der Liebe.

Ich lasse dich wissen, dass all dies wesentlich ist, keinen Unterschied kennt.

In der Achtung, der Ehrfurcht für alle Dinge gehe ich voran.

Über den Abgrund der Angst hinweg bin ich die Brücke des Staunens.

Durch das Zwischenspiel der Schatten führe ich zum Licht hin, denn ich weise den Weg nach Hause. Ich bin Liebe auf der irdischen Ebene.

In den Reichen jenseits der Reiche werde ich nicht gebraucht. Aber an diesem Ort bin ich von Allem Was Ist gesandt, um dich daran zu erinnern, dass das Reich, das du vor so langer Zeit verlassen hast, dich noch immer erwartet.

Ich bin hier, um dir zu helfen, dich an dich selbst zu erinnern.

Ich bin hier, um dir zu helfen, dich zu erinnern.

Ich bin hier, um zu helfen.

Ich bin Vergebung.

DAS WUNDER DER VERGEBUNG

Die First-Nations-Frau stand in der Mitte des Seminarraums und zitterte vor Wut. Sie war außer sich, und sie wollte für ihre Würde und ihren Stolz kämpfen. Im Raum war ein Mann, ebenfalls ein Mitglied der First Nations, den sie als Übeltäter der schlimmsten Sorte betrachtete. An die Gruppe gewandt berichtete sie, wie sehr sie ihre fürsorgliche Familie liebe und wie sehr sie ihr Volk liebe, das zum Opfer eines kulturellen Völkermords geworden sei. Sie sagte, am Tag zuvor, als der Mann ganz offen über die Not der First Nations und seine persönliche Sicht der Dinge als einer, der auf der Straße gelebt hatte, gesprochen habe, hätte er nur für sich selbst sprechen sollen, nicht für sie, nicht für ihr Volk.

Nachdem sie die Gelegenheit gehabt hatte, ihrem Ärger Luft zu machen, und nun wieder zuhören konnte, gelang es uns, sie in ihrem Schmerz zu erreichen, sodass wir anfangen konnten, sie daraus zu befreien.

Am Tag zuvor hatte der Mann offenbart, dass er in seiner von Alkoholmissbrauch geprägten Jugend ein Sexualstraftäter gewesen war. Er war so von Reue und Bedauern erfüllt gewesen, dass er sich elf Jahre nach der Tat den Behörden gestellt und mit einer Psychotherapie und einer langen Reihe an Rehabilitationsmaßnahmen begonnen hatte. An unserem Seminar hatte er mit der Einwilligung seines Bewährungshelfers teilnehmen dürfen.

Er war uneingeschränkt bereit gewesen, sich wegen seiner Schuld zu verurteilen, und seine Herausforderung bestand darin, die Wahrheit zurückzugewinnen. Ungeachtet all der Fehler, die er in seinem Leben gemacht hatte, war vollkommene Unschuld sein wahres Wesen als ein Kind Gottes (oder von seinem Bezugspunkt aus als ein Kind des Schöpfers). Er sagte, er hoffe, dass er es eines Tages fertig bringen werde, sich selbst zu vergeben.

Er hatte andere Menschen missbraucht, so wie er selbst in den kirchlich geführten „indianischen" Residential Schools missbraucht worden war, zu deren Besuch die Völker der First Nations über hundert Jahre lang von der kanadischen Regierung gezwungen worden waren. Dort waren die Kinder ihren Familien entrissen, von ihren Geschwistern getrennt, ihrer Sprache, ihrer Religion und ihres Erbes beraubt worden, und man hatte sie gelehrt, dass alles „Indianische" böse oder zweitklassig sei. Ohne den Schutz ihrer Familien wurden die Kinder zu sexuellen Opfern genau der Männer, die von den Kirchen angestellt worden waren, um die Schlafräume zu beaufsichtigen und in den Klassen zu unterrichten. Viele Kinder, vor allem die, die sich wehrten, wurden tot aufgefunden oder verschwanden. Die Täter wurden nicht zur Verantwortung gezogen.

Als die Kinder nach dem Abschluss der High School in ihre Dörfer zurückkehrten, brachten sie das Missbrauchsmuster mit zurück. Viele versuchten, ihrem emotionalen

Schmerz mit Hilfe von Alkohol oder Drogen zu entkommen, was der Gemeinschaft und den Familien, insbesondere aufgrund der angeborenen Alkoholintoleranz der indigenen Völker, noch größeren Schaden zufügte. Die Mord- und Selbstmordraten waren extrem hoch, ebenso wie sexueller und körperlicher Missbrauch. Die Schulen sind inzwischen geschlossen, aber die Auswirkungen des Völkermords dauern an.

Ich half der Frau zu erkennen, dass das Problem, das sie mit diesem Mann hatte, in Wirklichkeit darin lag, dass sie ihrem eigenen Täter nicht für die verlorene Unschuld, die Verletzung und die Scham vergeben hatte, die sie selbst erfahren hatte, als sie als Mädchen vergewaltigt worden war. Die Wut auf ihren Täter und das Urteil, das sie über ihn gefällt hatte, hielten sie in ihrem Schmerz gefangen und hinderten sie daran, das Bewusstsein für ihre eigene Unschuld zurückzuerlangen.

Wenn sie es fertig brachte, ihrem Täter zu vergeben, dann würde sie die Freude und die Unschuld zurückerlangen können, die sie als Kind gespürt hatte. Wenn sie dem Mann im Seminar erlauben konnte, an der Stelle des Mannes zu stehen, der sie verletzt hatte, dann würde sie beiden gleichzeitig vergeben können. Wenn sie ihr Bewusstsein von dem Urteil befreien konnte, das sie über beide gefällt hatte, sodass sie imstande war, sie als unschuldig zu betrachten, dann würde sie sowohl die Unschuld der Männer als auch ihre eigene Unschuld zurückgewinnen können.

Sie erklärte sich sofort bereit, die notwendige Heilarbeit zu leisten. Ich wandte mich dorthin um, wo der Mann saß. Er krümmte sich in der Qual seiner Schuld. Aufzustehen und vorzutreten, um für den Vergewaltiger dieser Frau zu stehen, forderte das höchste Maß an Mut und Bereitschaft, das er im Leben je hatte aufbringen müssen. Mit großer Anstrengung stand er auf und stellte sich der Frau in ihrem Schmerz.

Chuck schlug vor, dass sie zwei Freundinnen auswählen sollte, die mit ihr gehen und sie stützen würden, während sie den Raum durchquerte. Jeder Schritt, den sie ging, war ein Schritt auf dem Weg ihrer Vergebung. Die beiden Frauen, die sie wählte, teilten ihr Thema, und es war klar, dass sie durch diese Heilung ebenso viel zu gewinnen hatten wie die Frau selbst.

Sich fest aneinander klammernd stellten sich die drei Frauen dem Mann, und vor Schmerz wimmernd begaben sie sich auf den langsamen, aber unbeirrten Weg, der sie dazu führen würde, sich in der Wahrheit mit ihm zu verbinden. Je näher sie ihm kamen, umso mehr hellten ihre Gesichter sich auf, und ihre Tränen verwandelten sich schnell in Tränen der Freude und der Befreiung. Als die Frau ihn erreichte, übergab sie ihm die Gabe seiner Unschuld und konnte deshalb auch ihre eigene Unschuld empfangen. Als sie einander schließlich umarmten, waren sie von gegenseitiger Liebe und Dankbarkeit erfüllt.

Immer wenn ich die Frau während der restlichen Tage des Seminars sah, hüpfte sie herum wie ein Kind, ein breites Lächeln im Gesicht. Vergebung hatte ihr Herz so leicht gemacht, dass sie ein Beweis für den Spruch der *Psychology of Vision* war, demzufolge es nie zu spät ist, eine glückliche Kindheit zu haben.

Solche Geschichten der Heilung sind in den Seminaren der *Psychology of Vision* gang und gäbe. Jeder, der kommt, ist unabhängig von seiner persönlichen Geschichte so sehr von großer persönlicher Schuld überzeugt, dass er verständlicherweise von der Liebe und Annahme seines Schöpfers abgeschnitten ist. Angesichts des Wunders der Vergebung lässt die Wirklichkeit unseren Geist die einzige Wahrheit erkennen. Wir sind noch immer genau so, wie Gott uns geschaffen hat. Wir sind vollkommen unschuldig, ungeachtet unserer Fehler, und irgendwann werden wir Gottes Bewertung in Bezug auf das, was wir wirklich sind, teilen.

Im Jahr nach diesem Seminar gründete der junge Mann eine Selbsthilfegruppe für Sexualstraftäter, weil er wusste, dass er imstande war, anderen Menschen zu helfen, die in dieser Opfer-wird-Täter-Falle von Schuld und Selbstangriff festsaßen.

WÄHLE NUR DIE LIEBE

In einem klassischen Nahtod-Erlebnis erfährt der Betroffene unendliche Liebe und Fürsorge, die von einem hell leuchtenden Licht oder einem Lichtwesen ausgeht. Manche Menschen sehen Allah, manche sehen Jesus oder einen Engel oder eine Gottheit der Religion, der sie angehören. Manche sehen auch einfach einen Mann, von dem ein Licht ausstrahlt.

Die meiner Meinung nach schönste Geschichte von einer Nahtod-Erfahrung hat der Psychiater George G. Ritchie in seinem 1978 verfassten Buch *Rückkehr von morgen* erzählt. Als zwanzigjähriger Gefreiter absolvierte Ritchie 1943 seine Grundausbildung in der US Army und „starb" in dieser Zeit an einer Lungenentzündung. In der Klinik hatte man seinen Körper bereits mit einem Laken zugedeckt, um ihn in die Leichenhalle zu bringen.

Ritchie fand sich neben seinem Körper stehend wieder. Er sah einen „Mann, der aus Licht gemacht war" und in dem er Jesus erkannte. Er wusste mit Sicherheit, dass Jesus ihn mit einer unglaublich tiefen Liebe liebte. Mit einer Liebe, die seine wildesten Phantasien überstieg. Mit einer Liebe, die alle seine unliebenswürdigen Seiten kannte, ihn aber gleichwohl bedingungslos annahm und liebte.

Dann zeigte Jesus ihm jedes einzelne Ereignis seines gesamten Lebens, und alle fanden scheinbar im selben Moment statt. Zum Schluss fragte Jesus: „Was hast du mit deinem Leben angefangen, das du mir zeigen könntest?"

Ritchie erkannte, dass es bei dieser Frage um Liebe ging. Die eigentliche Frage lautete: „Wie viel hast du im

Leben gegeben? Hast du andere Menschen so geliebt, wie ich dich liebe? Total? Bedingungslos?"

Ritchie dachte entrüstet: „Warum habe ich nicht gewusst, dass eine solche Liebe möglich ist? Jemand hätte es mir sagen sollen! Ein guter Zeitpunkt, um herauszufinden, worum es im Leben wirklich geht – fast so, wie wenn man zu einer Prüfung erscheint und feststellt, dass man in einem Fach geprüft werden soll, das man nie studiert hat! Wenn das der Punkt ist, warum hat es mir keiner gesagt?"

Dann zeigte Jesus ihm faszinierende Einblicke in das Leben nach dem Tod, bevor er ihn in seinen Körper zurückversetzte. Ritchie war zutiefst bekümmert, in sein Leben zurückkehren zu müssen, und fragte sich, wie es ihm gelingen sollte, ohne die Präsenz von Jesu bedingungsloser Liebe zu leben.

Als Arzt im Zweiten Weltkrieg in Europa wurde Ritchie nach dieser Begegnung von Todessehnsucht gequält und fragte sich sogar, ob man ihn ins Leben zurückgeschickt hatte, um ihn zu bestrafen. Dann begegnete ihm eines Tages ein verletzter Offizier mit einem schönen und vertrauten Ausdruck in den Augen.

Zuerst erkannte er nicht, was ihn an diesem Mann so sehr anzog, aber schließlich wurde ihm klar, dass der Blick in den Augen des Mannes ihn an den Blick voller Liebe erinnerte, der von Jesus ausgegangen war. Er konnte sehen, dass „Christus" ihn durch die Augen des verletzten Offiziers anblickte.

Ritchie wurde klar, dass die Einsamkeit und Entfremdung, die er in der Zeit seit seiner Nahtod-Erfahrung gespürt hatte, nur mit seiner Sehnsucht zu tun hatten, wieder in der Gegenwart von Jesu Liebe zu sein. Er erkannte, dass er diese Liebe auch in den Augen der Menschen erfahren konnte, die ihm im Alltag begegneten.

Nachdem der Krieg in Europa im Mai 1945 vorbei war, übernahm Ritchies Einheit die medizinische Versorgung gerade befreiter Insassen eines Konzentrationslagers in der Nähe von Wuppertal. Diese Erfahrung war grauenhaft. Die Bedingungen waren so schlimm gewesen, dass die Männer trotz der raschen Bereitstellung von Medikamenten und Nahrungsmitteln durch die amerikanische Armee jeden Tag immer noch reihenweise starben.

Als seine Verzweiflung so groß wurde, dass er sie nicht mehr ertragen konnte, lief Ritchie von einem Ende des Camps zum anderen und sah den Männern ins Gesicht, bis er schließlich ein Gesicht entdeckte, aus dem ihn die Augen Christi anblickten. So lernte er den polnischen Juden kennen, dem die Amerikaner den Spitznamen „Wild Bill" gegeben hatten, weil er einen lang herabhängenden, gezwirbelten Schnurrbart trug. Er war einer der Gefangenen gewesen, aber offenbar nur kurze Zeit, denn seine Haltung war aufrecht, seine Augen

strahlten, und er strotzte vor Gesundheit. Er arbeitete bis zu 16 Stunden täglich für die Amerikaner, ohne das geringste Anzeichen von Erschöpfung zu zeigen.

Da er sechs Sprachen sprach, war Wild Bill eine unschätzbare Hilfe während des langwierigen Prozesses, die Insassen zu identifizieren und in ihre Heimat zurückzuführen, wenn es darum ging, Streitigkeiten zwischen Insassen verschiedener Nationalitäten zu schlichten oder sogar für Vergebung gegenüber den Deutschen einzutreten. (In anderen Lagern war es durchaus nicht ungewöhnlich, dass ehemalige Gefangene sich Gewehre griffen, ins nächste Dorf liefen und den ersten Deutschen erschossen, der ihnen unter die Augen kam.)

Man kann sich Ritchies große Überraschung vorstellen, als er erfuhr, dass Wild Bill tatsächlich sechs Jahre lang in diesem Konzentrationslager inhaftiert gewesen war. Er hatte dieselbe Arbeit geleistet und dieselben Hungerrationen gegessen, und er war denselben Krankheiten ausgesetzt, die unzählige andere Männer das Leben gekostet hatten. Ritchie fragte sich, was ihn gerettet haben mochte.

Eines Tages berichtete Wild Bill, was ihn so anders gemacht hatte. Es war eine Entscheidung gewesen, die er Jahre zuvor getroffen hatte.

Wild Bill hatte mit seiner Frau und fünf Kindern im jüdischen Ghetto in Warschau gelebt. Eines Tages kamen die Nazis, holten alle aus ihren Häusern, stellten sie in einer Reihe auf und erschossen sie mit ihren Maschinengewehren.

Wild Bill bat sie, seine Familie zu verschonen, aber sie wurde vor seinen Augen ermordet. Seine Bitte, ihn ebenfalls zu töten, ignorierten die Soldaten. Weil er Deutsch sprach, wurde sein Leben verschont, und er wurde einer Gruppe zugeteilt, die auf dem Weg in ein Arbeitslager war.

Die normale, naheliegende Reaktion wäre gewesen, wenn Wild Bill die Soldaten gehasst hätte. Die meisten Menschen hätten automatisch so reagiert. Ganz sicher hätte niemand Wild Bill einen Vorwurf gemacht, wenn er es getan hätte. Stattdessen geschah ein Wunder. In seiner furchtbarsten und schmerzlichsten Stunde wurde Wild Bill gezeigt, dass er in dieser Sache tatsächlich eine Wahl hatte.

Er konnte die Soldaten hassen, die das getan hatten, und sich damit für ein Leben entscheiden, das von Hass erfüllt sein würde, und für eine Zukunft, die nur eine Folge dieses Hasses sein würde, oder er konnte sich für die Liebe entscheiden und für das Leben, das eine Folge dieser Liebe sein würde.

Wild Bill wählte die Liebe, und er beschloss, dass er für den Rest seines Lebens – ganz gleich, wie kurz oder lang es sein mochte – jeden Menschen lieben würde, mit dem er in Kontakt kam. Den Anfang machte er mit den Nazisoldaten.

Die Liebe hatte dafür gesorgt, dass er stark und gesund blieb. Sie hatte ihm das Leben geschenkt.

DEINE WELT

Die Welt ist dein Spiegel. Alles,
was du siehst, bist du selbst.
Alles, was du siehst, ist das, was du zu sein glaubst.
Du siehst, wie sowohl deine Liebe als auch deine
Dunkelheit sich in einem unendlichen Film
vor dir entfalten.
Alles, was du tust, tust du dir selbst an.
Jeden Angriff, den du führst,
führst du gegen dich selbst.
Verurteile, und du sperrst dich selbst ein.
Dein Angriff gegen einen anderen Menschen ist
Schattenboxen gegen das, was du an dir selbst nicht
ausstehen kannst.

Deine Welt zeigt dir alle Schichten deines Geistes.
Selbst Buddha sagte:
„Es ist dein Geist, der die Welt erschafft."
Wenn du die Welt verändern möchtest, dann höre
auf, die Projektion auf der Leinwand verändern zu
wollen.
Du musst den Film verändern, den du drehst,
denn anderenfalls wirst du nicht erfolgreich sein.
Getrennt zu sein ist es gewiss nicht wert,
den Himmel dafür zu verlieren.
Es ist an der Zeit, der Welt zu vergeben und nach
Hause zu gehen.

Um die Welt zu reinigen, musst du die
Verschmutzung in dir selbst reinigen.
Heute ist es an der Zeit, den Spiegel deines Geistes
zu reinigen, damit die Schönheit
sichtbar werden kann.

Segne deine Welt, und segne dich selbst.
Jedes Mal, wenn du gibst, wird dir gegeben.
Vergib allen, und du bist befreit.
Wenn du heil wirst, dann wird deine Welt
von Frieden erfüllt und frei sein.
Wenn du vergibst, dann siehst du eine durch Gnade
verwandelte Welt.

Eine lichtvolle Welt verbirgt sich hinter dem, was du
geschaffen hast.
Vergraben unter dem, was du aus dir gemacht hast,
strahlt ein erhabenes, von Liebe erfülltes Licht.
Dieses Licht leuchtet immer, und es wartet darauf,
dass du dich erinnerst.
Es ist an der Zeit, dass du dir vergibst und dich
selbst entlässt, um die Welt von Qual und Folter zu
befreien.
Deine Welt zeigt Knechtschaft oder Verbundenheit.
Alles hängt von deiner Antwort ab.
Du könntest den Himmel auf die Erde bringen.
Erwache heute für die Felder des Lichts.
In dem Maße, in dem du sie in dir selbst entdeckst,
siehst du ihr Spiel in dir selbst
und in allen Menschen
für alle Zeit.

Alle Arten von Wundern geschehen
durch irgendeine Art
der Vergebung.

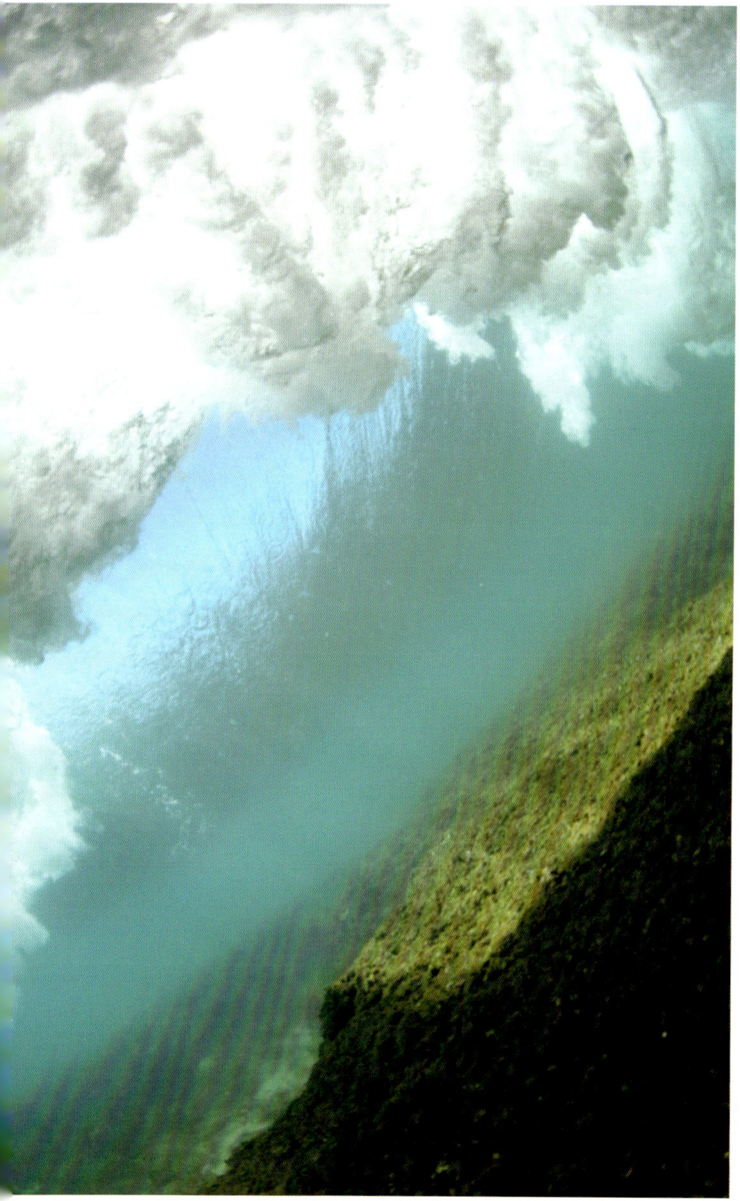

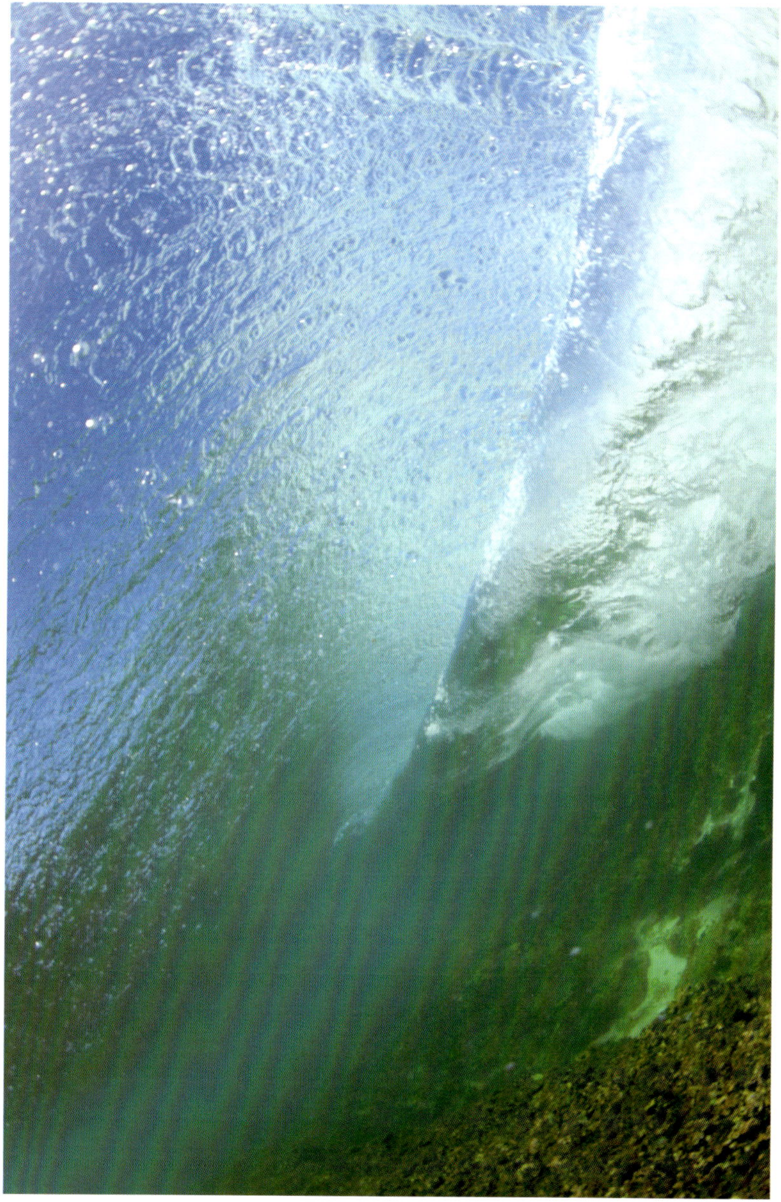

Wenn das Leben aufgehört hat, sich zu entfalten,
und aus nicht mehr als Eintönigkeit besteht,
dann sehnen wir uns nach einer Neugeburt,
nach einem Neubeginn.
Er ist nichts,
das geplant werden könnte,
nur erbeten ... und empfangen.
Vision wird nicht gemacht – sie wird geschaffen.
Sie kommt zu uns, weil wir sie uns von ganzem Herzen
wünschen
und bereit sind,
uns die Antworten zeigen zu lassen.
Die Geburt der Vision lässt das Leben neu werden.

CHRISTOPHER

Bis sie erwachsen sind, haben die meisten Menschen bereits eine ganze Reihe von Herzensbrüchen erlebt. Einige bleiben in lebhafter Erinnerung, während andere ganz oder teilweise in die verborgenen Winkel des Unterbewusstseins einsinken. Dort liegen vergessene Traumata, Schmerz und Verlust – scheinbar bedeutungslos – verborgen. In Wirklichkeit beeinflussen diese Herzensbrüche uns ständig. Sie bestimmen, wie wir die Welt sehen. Sie treffen Entscheidungen für uns. Sie kontrollieren unsere Beziehungen. Sie halten uns in Kontraktion und Unglücklichsein fest und in Wiederholungsmustern gefangen.

Es gibt keinen triftigen Grund, diese Herzensbrüche in uns zu begraben. Wenn wir unsere Emotionen in dem Augenblick voll wahrnehmen und erfahren, in dem wir sie erschaffen, dann gehen die Gefühle durch uns hindurch, ohne Schaden anzurichten. Wir gehen gestärkt und klüger, schöner und gütiger aus diesem Prozess hervor. So sind wir geschaffen, und so wachsen wir.

Ich wurde Zeugin eines der ersten Herzensbrüche unseres Sohnes Christopher, als er etwa drei war. Er hatte sich in eine unserer Freundinnen verliebt und umwarb sie mit großer Hingabe. Wenn sie zu Besuch kam, nahm er sie verliebt an der Hand und führte sie in sein Zimmer, damit sie dort mit ihm spielen konnte. Sie war sein Augapfel, sein Sonnenschein, seine große Freundin.

Eines Abends war unsere Familie bei dieser Freundin zu einer Party eingeladen. Die Kinder liefen aufgeregt durchs Haus, als sie beschloss, es sei Zeit, ihre Gäste zu Tisch zu bitten. Als mein Sohn mit einem äußerst begehrten Spielzeug in der Hand an ihr vorbeitrottete – er hatte lange darauf gewartet, auch einmal damit spielen zu dürfen –, hielt sie ihn an, nahm es ihm fort und befahl ihm, sich an den Kindertisch zu setzen. Sie war gestresst, weil die Party natürlich ein Erfolg werden sollte, und deshalb war ihre Aufmerksamkeit auf ihre eigene Situation und nicht auf Christopher gerichtet.

Von der anderen Seite des Raumes aus konnte ich sehen, wie sein Gesicht vor Schock erstarrte. Seine Geliebte hatte ihn wie jedes andere Kind behandelt! Er hätte sie niemals so gleichgültig behandelt, so völlig ohne Rücksicht auf ihre Gefühle. In seinem Bewusstsein dämmerte die Erkenntnis: Sie war nicht in ihn verliebt. Sie empfand für ihn nicht das, was er für sie empfand.

Die Erkenntnis, der Schock und der Schmerz trafen ihn mit so großer Wucht, dass er aufschrie und sich dann wild nach mir umsah. Entsetzt kam er zu mir gelaufen, seine Gefühle zu stark, als dass er hätte sprechen können. Ich fühlte mit ihm, und ich spürte einen so scharfen und deutlichen Schmerz, als habe man sein Herz mit dem Beil eines Metzgers gespalten. Er klammerte sich in atemloser Qual an mich, als ich ihn in ein anderes Zimmer trug.

So geringfügig der Zwischenfall war, konnte ich doch deutlich seine verheerende Wirkung spüren. Alles, was ich tun konnte, war, ihn zu halten, mit ihm zu fühlen und zu sagen: „Ich weiß, ich weiß." Nach mehreren Minuten war zumindest so viel von seinem Schmerz weggebrannt, dass er sprechen konnte.

„Mami, sie hat einen Fehler gemacht!", keuchte er. „Sie braucht eine Auszeit!" Als er sich vorstellte, dass sie allein in ihrem Zimmer saß, mit einer Auszeit bestraft, sagte er mit großer Befriedigung: „Dann würde sie weinen." Innerhalb weniger Momente hellte sich sein Gesicht auf, und Reinheit und Offenheit kehrten zurück. „Aber ich würde sie retten!", rief er aus, sprang von meinem Schoß herunter und lief hinaus, um sich den anderen wieder anzuschließen. Der Herzensbruch war vorüber.

Ich war sprachlos angesichts der Schönheit des Prozesses, den ich beobachtet hatte. Indem er zuließ, dass eine emotionale Erfahrung sich ganz natürlich vollendete, hatte Christopher sich nicht nur vor einem gebrochenen Herzen bewahrt, sondern auch noch einen Nutzen aus der Erfahrung gezogen und die Liebe erlebt, die am Ende jedes Herzensbruchs wartet.

Wenn wir unsere Emotionen

in dem Augenblick voll wahrnehmen

und erfahren, in dem wir sie erschaffen, dann gehen die

Gefühle durch uns hindurch,

ohne Schaden anzurichten.

STELLE DIR VOR,
ES WÄRE DEIN LETZTER TAG

Stelle dir vor, dass dies dein letzter Tag auf der Erde ist. Es ist an der Zeit, deine Fackel an andere Menschen weiterzugeben, so wie jene, die dir vorausgegangen sind, ihre Fackel an dich weitergegeben haben. Heute ist deine letzte Gelegenheit, jemandem die Ermutigung zu geben, die er braucht. Es ist deine letzte Gelegenheit, jemanden zu lieben. Es ist deine letzte Gelegenheit, jemanden in den Arm zu nehmen und ihm Trost zu spenden, deine letzte Gelegenheit, Schmerz zu lindern. Heute kannst du das Licht anzünden, das ausgegangen ist, oder Kontakt zu dem Menschen aufnehmen, der dich braucht.

Heute ist der letzte Tag, an dem du dem Wind in den Bäumen lauschen und sein sanftes Wehen spüren kannst. Es ist der letzte Tag, an dem du zuschauen kannst, wie das Sonnenlicht dich mit gesponnenem Gold umwebt, oder den Regen riechen kannst, ehe er fällt. Heute ist die letzte Nacht, in der du zuschauen kannst, wie die himmlischen Leuchtkäfer das Firmament in diamantenem Glanz erstrahlen lassen.

Es ist dein letzter Tag. Lasse alles los. Lasse alles auf dem Feld zurück. Behalte nichts. Lasse deinen Atem aus dir herausfließen, und liebe die Menschen, die du liebst. Sei das himmlische Licht, das zu sein du gekommen warst, in dieser Dunkelheit, die jedes Licht braucht, um den Weg nach Hause zu erhellen. Lasse Zärtlichkeit deine Stimme wie Musik erzittern. Lasse deine Augen jeden segnen, auf dem sie heute ruhen. Erlöse durch deine Berührung. Lache dein letztes unbezähmbares Lachen, und lasse den Himmel furchtlos durch dich wirken, um die Welt zu berühren.

Stelle dir heute vor, dass jeder Tag dein letzter Tag ist.

Stelle dir heute vor, dass jeder Tag dein letzter Tag ist.

VIOLA

Viola war zutiefst gläubig. Sie war eine kleine Frau, gebeugt und leicht verkrüppelt durch eine Lähmung, infolge einer sehr schwierigen Geburt vor über 80 Jahren. Brillengläser, die Colaflaschen glichen, vergrößerten ihre blauen, wässrigen Augen, und es war immer eine Herausforderung, das zu verstehen, was sie sagte.

Dennoch strotzte Viola vor Lebensfreude. Sie nahm an allen Wohltätigkeitsläufen der Gemeinde teil, obwohl sie immer Stunden nach den anderen Läufern im Ziel ankam, begleitet von jemandem, der sie beim Gehen stützte. Zahllose Spendenzusagen hingen jedes Mal davon ab, dass sie das Ziel erreichte. Ihr Gesicht war immer offen und von Staunen erfüllt angesichts irgendeiner beseligenden Schönheit, die uns verborgen blieb. Trotz ihrer vielen Gebrechen war sie einer der glücklichsten Menschen, die mir jemals begegnet sind.

Ich kannte sie durch die Unity Church, der ich mit Ende zwanzig angehörte. Wir wussten immer, dass Viola eine Heilige war, die unter uns lebte. Beim Frühgottesdienst saß sie stets in der ersten Reihe, und ich setzte mich gerne neben sie in der Hoffnung, dass sie mir eine Geschichte erzählte, ehe der Gottesdienst begann. Dies ist eine meiner Lieblingsgeschichten, aber sie ist nur ein Beispiel, eine kleine Kostprobe, die zeigt, wie Viola ihr Leben lebte.

Zur Zeit der großen Depression, als Viola noch ein kleines Mädchen war, schickte ihre Mutter sie eines Tages hinaus, um im Hühnerstall die Eier zu sammeln. Eine reiche Frau war gekommen und wollte ein Dutzend Eier kaufen. Violas Familie war bettelarm, und das Geld, das sie mit dem Verkauf der Eier verdiente, bedeutete sehr viel für sie. Viola nahm ihren Korb und ging hinaus, fand aber nur elf Eier. Weil sie wusste, dass es sehr wichtig

war, ihrer Mutter zwölf Eier zu bringen, blieb sie mitten im Hühnerhof stehen und sah zum Himmel hinauf.

„HERR, ICH BRAUCHE NOCH EIN EI!", brüllte sie durch ihren entstellten Mund.

Während sie dort stand und mit Gott redete, kam eine große, rote Henne herbei und ließ sich direkt vor ihr im Staub nieder. Viola beäugte das Huhn, und das Huhn beäugte Viola. Dann stand es wieder auf und wanderte davon. Wo es gesessen hatte, lag Violas Ei.

„DANKE", rief sie beiläufig, während sie zum Haus zurückzockelte. Sie war weder erstaunt noch überrascht. Gott hatte ihr Gebet erhört und geantwortet. Viola gehörte ganz einfach zu den Leuten, die immer eine Antwort bekamen, wenn sie beteten. Sie hatte diese Art von Glauben. Sie wusste intuitiv:

Es gibt kein Problem in irgendeiner Situation, das der Glaube nicht löst.

Ein Kurs in Wundern, T-17.VII.2:1

EIN SELBST

Es hat in meinem Leben einen Moment gegeben, der sich auf jede nur denkbare Weise von jedem anderen Moment unterschied. Durch seine Pforte erhaschte ich einen kurzen Blick auf den Himmel.

Es war ein Augenblick, in dem meine Liebe zu Chuck so rein war, dass ich ihn ohne Urteil oder Projektion betrachtete. Ich sah seine vollkommene Unschuld. Ich sah ihn so wahrhaftig, dass seine Form und diese ganze Welt der Illusion fortfielen und die Wirklichkeit offenbart wurde.

Atemberaubende rosa- und goldfarbene Wolken aus strahlendem, fühlendem Licht erstreckten sich über meinem Kopf in einem *Großen Strahl*, der in die unveränderliche Unendlichkeit hineinreichte. Ich wusste, dass dies das Gesicht Gottes war, der mich mit absoluter Liebe betrachtete und mich in einer glückseligen, ewigen Verbindung trug, die so erregend, so überaus intim und erfüllend war, dass sie vollkommener nicht hätte sein können.

Alles über mich war bekannt und bedingungslos angenommen, aber dass ich von meiner Kleinheit träumte, war der Witz schlechthin! Gott lachte, weil ich mich anderswo wähnte, als getrenntes Wesen sah, einen Körper bewohnend, eine Geschichte in einem physischen Universum lebend, in *maya* gefangen und unfähig, nach Hause zu gelangen. Wer, was und wo ich zu sein glaubte – all das war ganz und gar falsch.

Die Pointe dieses Witzes war, dass der *Große Strahl* mit mir und als ich selbst begann. Ich war aus demselben Licht gemacht, und es gab keinen Ort, an dem ich endete und der Geliebte begann. Wir waren eins, und diese Beziehung war die einzige Sache, die wirklich geschah.

Die Erfahrung war zu kraftvoll, als dass ich sie hätte festhalten können. Es war, als hätte ich meine Finger in eine Steckdose gesteckt oder wäre vom Blitz getroffen worden – der Schock war einfach zu groß. Mein Bewusstsein explodierte, und ich fand mich in Chucks Ar-

men wieder, von Ekstase überwältigt. Ich weinte stundenlang unter dem Nachhall dieser Erfahrung.

Viele Jahre später, an der Oneness University, barst mein Gehirn erneut in einem Taumel der Glückseligkeit. Dieses Mal hielt der Zustand mehrere Stunden lang an. Die Erfahrung war wunderbar und fesselnd. Ich erinnere mich, dass ich dachte: „Wenn das Gebäude in Flammen aufginge, dann könnte ich vermutlich aufstehen und gehen. Ich weiß nur nicht, ob ich mir die Mühe machen würde!"

Dieses Erlebnis erinnerte mich daran, wie sehr ich von dem Einen geliebt werde, und es bestärkte mich darin, den Weg hin zum Erwachen zu meinem wahren Zustand weiterzugehen. Eine andere Erfahrung, die ich dort gemacht habe, war für mich jedoch noch wertvoller. Es geschah, als ich zu einem Ereignis in meiner Kindheit zurückgeführt wurde, bei dem ich in einem Wutanfall jeden und alles zurückgewiesen hatte. Es war eine Entscheidung für die Trennung, die eine Auswirkung auf mein ganzes Leben hatte. Sie schnitt mich ab von der Erfahrung des Einsseins mit mir selbst und anderen und von meiner Verbindung mit der Welt der Natur.

Bedauern und Scham über diese Tat, die mich sogar von Gott entfremdet hatte, waren so gut verteidigt, dass nur ein großer Schlag der Gnade sie zur Oberfläche hatte bringen können, um geheilt zu werden. Ich erwachte aus dem „Traum" der Isolation, um mich an das Einssein zu erinnern, das sogar den Raum zwischen den Dingen umfasst, und erkannte, dass ich ein Teil des einen großen Beziehungsprozesses war, der dieses Universum ist.

Diese Erfahrung verlieh mir einen enormen Schub im Hinblick darauf, das Einssein meiner wahren Wirklichkeit wieder herzustellen, sodass ich es meinerseits an andere Menschen weitergeben konnte. Sie war ein Schritt hin zu dem großen Erwachen, das geschehen wird und in dem wir uns gemeinsam daran erinnern und erfahren werden, dass wir ein Selbst sind.

Erwachen ist das einzige große Bedürfnis der Menschheit. *Ein Kurs in Wundern* drückt es so aus:

Du bist *ein* Selbst,
und dir ist es gegeben, dieses Selbst in dir zu spüren
und jede deiner Illusionen aus diesem einen Geiste zu
vertreiben, der dieses Selbst ist, die heilige Wahrheit in dir.

W-pI.95.13:5

Lency und Chuck Spezzano
**Es muss einen
besseren Weg geben**
Die Grundprinzipien der
„Psychology of Vision"

ISBN 978-3-86616-094-1
216 Seiten, Taschenbuch

Dieses systematisch aufgebaute Handbuch zur Psychology of Vision vermittelt einen Einstieg, um deren grundlegende Prinzipien einer breiten, interessierten Öffentlichkeit zugänglich zu machen, und vertieft das Verstehen der Arbeit von Chuck und Lency Spezzano.

Chuck Spezzano
Karten der Partnerschaft
Liebe in Partnerschaft
und Beziehungen

90 künstlerisch gestaltete,
farbige Karten m. Begleitbuch
ISBN978-3-86616-090-3
Kartenset mit Begleitbuch

Die Karten der Partnerschaft wollen dazu beitragen, eine Beziehung auch dann lebendig zu erhalten, wenn die Phase der ersten Verliebtheit vorbei ist, und sie wollen dem Paar, das sie befragt, dabei helfen, erfolgreich alle Hindernisse und Klippen zu umschiffen ...

Chuck Spezzano
**Wie Sie herausfinden, wann Ihre
Beziehung wirklich zu Ende ist
und was Sie tun können,
um sie zu retten**

ISBN 978-3-86616-108-5
168 Seiten, Taschenbuch

Chuck Spezzano macht klar, was eine Beziehung zerstört und was sie zu klären vermag.
Er vermittelt Prinzipien der Heilung und er zeigt eine „narrensichere" Methode auf, die es beiden Partnern ermöglicht, zweifelsfrei festzustellen, ob ihre Beziehung *wirklich* zu Ende ist oder nicht.

Chuck Spezzano
Wo Engel gehen auf leisen Sohlen
Wie Sie Beziehungen erfolgreich und
harmonisch gestalten können

Hardcover, 304 Seiten
ISBN 978-3-86616-056-9

In 101 abgeschlossenen Kapiteln zeigt Chuck Spezzano anhand zahlreicher "wahrer Begebenheiten" aus seinem eigenen Leben und praktischer Beispiele aus den unzähligen Seminaren, in welche Beziehungsfallen Menschen tappen und wie sie sich schnell und erfolgreich daraus lösen können, um ihre Beziehungen zu einem wahren "Kunstwerk" zu gestalten.

Weitere Titel aus dem Verlag Via Nova

Franz Decker
Medizin für die Seele
Lebens- und Seelenkräfte
im Alltag mobilisieren

32 Grafiken
ISBN 978-3-86616-115-3
224 Seiten, Paperback

Der Autor zeigt Möglichkeiten auf,
die unerschöpflichen Kraftquellen der
Seele und des Geistes zu wecken und
zu entwickeln, um in seelischem Gleichgewicht, mit Freude, Gelassenheit,
Mut und Zuversicht das Leben zu
gestalten. Das Buch basiert auf den
neuesten wissenschaftlichen Erkennt-
nissen.

Matt Galan Abend
Räum dein Leben auf
100% mehr Lebensfreude

41 zum Teil ganzseitige Zeichnungen
ISBN 978-3-86616-060-6
144 Seiten, Hardcover

Wenn wir uns aus dem Dickicht unserer Konditionierungen befreien, wenn
wir endlich aufräumen, wenn wir die
Sorge darum verlieren, wie andere
über uns denken, wenn wir die Angst
überwinden, unseren Partner, unseren Job oder gar unser Geld
zu verlieren, wenn wir den Maßstab in uns selbst und nicht im
Außen finden, kann dies so etwas wie unsere zweite Geburt
sein und uns wahre Freude schenken. Die vielen künstlerischen
Zeichnungen unterstützen die eindringlichen Aussagen des Bu-
ches.

Jürg Theiler
Liebe als Erfüllung aller Wünsche
Eine praktische Liebestherapie

ISBN 978-3-86616-110-8
256 Seiten, Paperback

Der Tiefenpsychologe Jürg Theiler er-
gründet die psychischen Ursachen für
Gelingen und Misslingen von Liebes-
beziehungen. Er erklärt, wie die in der
Evolution des Lebens entwickelten Ge-
hirnteile in der Psyche des Menschen
unterschiedliche Bedürfnisse und Wünsche erzeugen, die einander oft wider-
streiten, aber auch der Weiterentwick-
lung des Lebens dienen und nur durch
die Liebe in Einklang gebracht werden
können.

Peter Reiter
Dein Seelenhaus
Ein direkter Weg mit seiner Seele
zu sprechen

ISBN 978-3-86616-062-0
200 Seiten, Hardcover

Mit der hier vorgestellten und neu entwickelten Methode von Dr.
Peter Reiter können Sie herausfinden, welche Talente und Fähig-
keiten in Ihnen schlummern. Sie erkennen in diesem Bild des
Seelenhauses sofort, schnell und sicher ihre Defizite oder Bereiche,
die der Zuwendung, Entwicklung und Heilung bedürfen. Sie verändern mit dem Umbau des Seelenhauses auch Ihre Seelenmuster.